公認心理師 ベーシック講座

佐々木 司［編著］

人体の構造と機能及び疾病

JN042277

講談社

執筆者一覧（執筆順）

佐々木　司　東京大学大学院教育学研究科 教授
（序章，4，5，7，8，9，11，12，13，15章）

西田　淳志　東京都医学総合研究所（1，3，6章）

赤穂　理絵　東京女子医科大学医学部 准教授（2，14章）

小原　圭司　島根県立心と体の相談センター 所長（10章）

中島　亨　杏林大学保健学部 教授（13章）

以下のURLに，正誤表等の情報を掲載しています。
https://www.kspub.co.jp/book/detail/5303900.html

はじめに
心理的な問題や精神または心身医療との関わり

本書は心理職や医療関係の職業を目指す学生，すでにその分野で働いている皆さん，さらには興味をもつすべての人に，人の体と病気についてできるだけわかりやすく伝えることを目指して執筆編纂した。人の体は多くの臓器や組織で構成され，かつその病気は多種多様で，さまざまな心理的問題と関わっている。それらを理解し，かつ覚えるには，膨大な量の暗記を要求されることが多く，学生にとっては苦労の多い科目ではないかと思う。本書ではその苦労をなるべく軽減できるように，できるだけわかりやすい言葉と文章で簡潔に記述した。結果として全体を，比較的コンパクトな厚さと文字数に収めることができたのは，手に取っておわかりの通りである。なお，より詳しい知識については注やコラムに記述した。また身近な話題や興味のもてそうなテーマについても，できるだけコラムや注でとりあげるようにした。

本書の使い方は目的に応じていろいろでかまわないが，もし試験に向けて勉強するなら，各章の章末演習問題とその解説からまず読み始め，さらに関連する本文を読み進むとよいかもしれない。また索引を使えば，辞書的に利用することも可能である。もちろん本文を順番に読んで頂いてもよい。コンパクトな中に，心理的ケアや医療の現場でさまざまな専門家と相談していくのに必要な情報は網羅できたと思うので，試験勉強に限らず，実践の場でも，また興味に応じて知識を広げていくためにも，ぜひ活用して頂ければありがたい。

本書が学生の勉強はもちろんのこと，多くの皆さんのお役に立つことを願っている。

執筆者を代表して
2023年1月19日
東京大学教授　佐々木 司

目次

序章

細胞・組織の基本と心身の相関

本書は体の各器官とその働き・関連する病気ごとに各章をまとめているが，この序章では体全体に共通する細胞と組織の構造・働きについて簡単に説明する。また，体と心理的ストレスの相互関係についても短く触れる。

A. 細胞の構造

体のあらゆる組織・臓器（器官）は細胞で作られている。

全ての細胞は，１つ１つ**細胞膜**で包まれている。細胞膜は**脂質**（油）でできている。膜のところどころには細胞内外への物質の出入り口（**チャンネル**）や，ホルモンなどの情報をキャッチする**受容体**が，タンパク質で作られている。細胞内には，染色体の入っている**核**[1]，細胞内での呼吸・エネルギー産生にかかわる**ミトコンドリア**，タンパク質合成の場であるリボソーム，合成したタンパク質の移送や貯蔵にかかわる粗面小胞体，細胞の形を保つ細胞骨格など，細胞の維持と生命活動に必要なさまざまな装置が含まれている。

B. 染色体―DNAの役割

細胞の核の中にある染色体は**DNA**の長い鎖が折りたたまれたものである。ヒトのDNAには全部で２万以上の遺伝子がコードされている。

通常，遺伝子をコードする部分のDNAはまず**RNA**に転写され，それを鋳型に**タンパク質**が合成される。これらのタンパク質は，体を構成する**構造タンパク質**，あるいは体の働きを助ける**酵素**として働いている（**図1**(A)）。なお，遺伝子の４分の１ほどでは，DNAから転写されたRNAそのものが細胞内で働き，タンパク質は作られないことが近年明らかにされている（**図1**(B)）。

DNA（遺伝子）は染色体のほか，ごく一部はミトコンドリアにも存在する。ミトコンドリアのDNAは，父親・母親から半数ずつ伝わる染色体のDNAと異なり，母親からのみ伝わる。

1　赤血球および皮膚の一番外側の角質層の細胞には核はない。

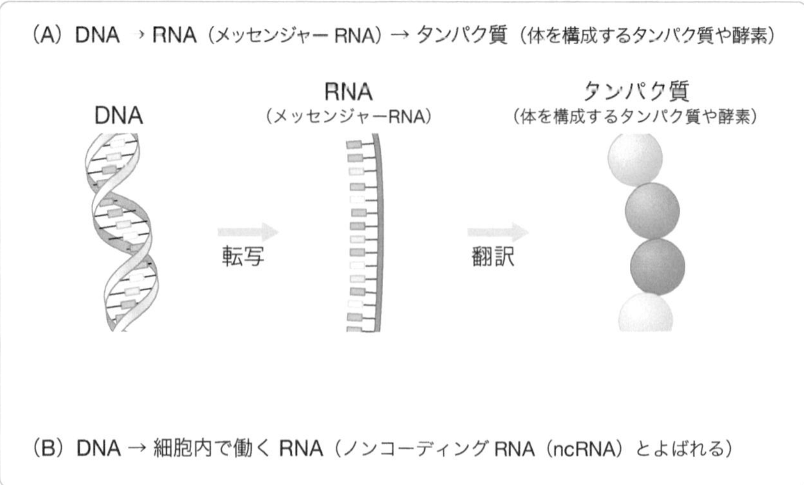

図1　遺伝子発現の2つのパターン

C. 臓器と組織

心臓や血管，胃腸や筋肉，骨，目といった体のあらゆる臓器（器官）は基本的に，**上皮組織**，**支持組織**，**筋組織**，**神経組織**の４種類の組織で作られている。

このうち上皮組織は，体や各臓器・器官の表面を（消化管や血管の場合は管の内腔も）覆うシート状の組織で，皮膚や粘膜などがその例である。表面の保護，ガスや物質の交換，消化液やホルモンの分泌など，場所によって役割が異なる。また，役割の違いにより形状も異なる（**図2**）。

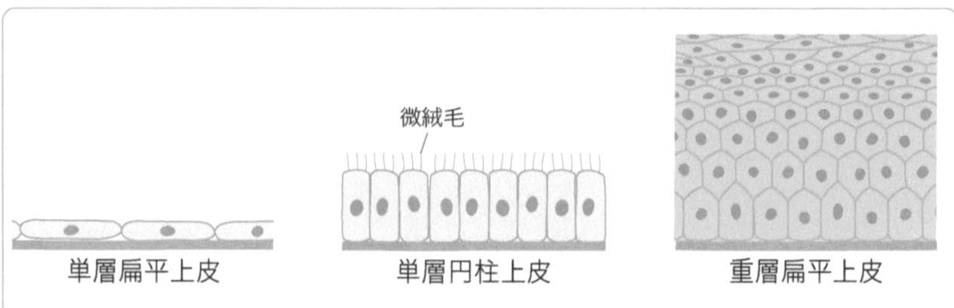

図2　単層扁平上皮，単層円柱上皮と重層扁平上皮
重層扁平上皮は頑丈にできていて皮膚や口腔の表面などを覆う。単層扁平上皮はモノや空気の出入りがしやすく，肺や血管の内側を覆っている。単層円柱上皮は消化液やホルモンの分泌がしやすい構造で，胃腸や内分泌器官にみられる。

支持組織は，組織や臓器・器官どうしの間を埋め，それぞれの位置がずれたり体の形が崩れないように支えている。**結合組織**，**骨組織**，**軟骨組織**に分類される。**膠原線維**（**コラーゲン**）が主要な構成物質で，骨組織ではこれにカルシウムが沈着して硬くなっている。

図3　結合組織の例

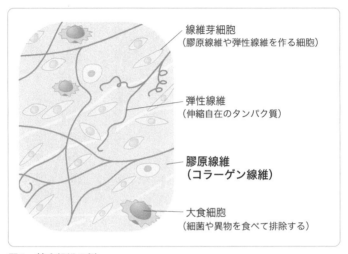

筋組織，神経組織も各臓器・器官で重要な役割を果たしている。たとえば消化管の場合，内腔の粘膜組織の外側には筋組織があり，食べ物を食道，胃から小腸・大腸に移動させる役割を果たしている。その筋肉の動きを調整しているのが神経である。

D. 血管の重要性

臓器・器官・組織の構造と機能の維持を考えるうえでもう一つ重要なのは血管である。細胞が生きて役割を果たし続けるには血液による**酸素**と**栄養**の供給が必要であり，血管はあらゆる臓器・器官・組織にはりめぐらされている。

健康の維持と老化の防止には血管の健康が鍵で，**高血圧**，**糖尿病**，**高脂血症**などによる**血管の老化**を防ぐ必要がある。血管の老化による血流低下は，**認知症**や心臓，腎臓の病気を含め，体のさまざまな部分の病気・老化の原因となる。

E. 体と心理的ストレスの相互関係

体の状態は心の状態と相互かつ密接に影響しあっている。

i）心理的ストレスの身体への影響

心理的なストレスが体の状態，さらには健康状態に影響することは以前から知られている。この影響には神経系，内分泌系，免疫系などが深く関与している（**図4a**）。血糖値や血圧の上昇を例に説明すると，心理的ストレスの高い状況では，動物（人間を含めて）は「闘争または逃走」が必要となる。闘うにしろ逃げるにしろ体を激しく動かし続けなければならないので，それに必要なエネルギー源（血糖）を血液中に増やし，それを筋肉等に行きわたらせるための血流増加が必要となる。

このため神経系では交感神経系が働いて肝臓に貯蔵されていた糖分をブドウ糖に分解（血糖値の上昇），また心拍数の増大や「闘争・逃走」に不要な臓器の血管収縮（血圧の上昇）が起こる。内分泌系では脳の視床下部からの指令でコルチゾールを中心とする副腎皮質ホルモン（「ストレスホルモン」とも呼ばれる）の分泌が増える。このホルモンの分泌増加も血糖値の上昇，血圧上昇をもたらすほか，気持ちの興奮しやすさを高める。また「闘争・逃走」を行う上で邪魔となる炎症反応（免疫系の働き）は抑制する。

このように心理的ストレスは神経系，内分泌系，免疫系を介して体に影響を与える。もしこの影響が一時的に終わらず，長期間慢性に続けば糖尿病や高血圧などのリスクが高まり，さらに動脈硬化や心筋梗塞，脳梗塞，脳出血などにもつながっていく。

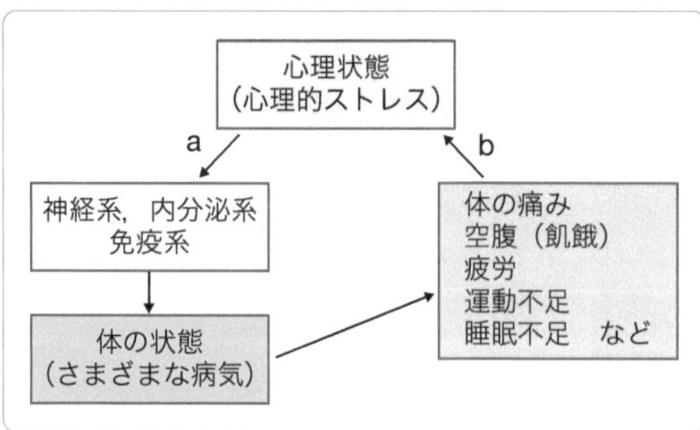

図4　体と心理的状態（ストレス）の相互作用

ii）体の健康の心の健康への影響

一方で体の状態は心理状態に大きく影響する（**図4b**）。例えば「痛み」である。小さい子どもが注射の時に泣き出すのは痛みのためだが，大人になってからも，特に高齢になって体のあちこちが痛むようになると再び大きな問題となる。大人の体の痛みは，注射の痛みと違って四六時中続くので，しばしば不眠などを介して，あるいは直接的に心理的ストレスの原因となり，うつ状態などにもつながる。

このほか睡眠不足，疲労，空腹（飢餓）などが心の状態に負の影響を与えることは経験的にも理解できるだろう。睡眠不足や疲労は労働衛生の大きな問題であるが，近年ではインターネット・スマホ，受験勉強と塾の過熱などから若年者の問題としても深刻である。摂食障害では慢性の空腹・飢餓が続くが，体重減少のみでなく，うつと自殺リスクも大きな問題となる。

忘れられがちだが，運動不足が心の健康に及ぼす影響も大きい。コロナ禍などで自宅にこもる生活を続けて気分が落ちこんだり，反対に体を動かして気分がサッパリしたことなどは，多くの人が経験しているだろう。社会的には高齢化が進む現在，フレイルなど，運動不足による心身の不調，寝たきりリスクの増加が大きな問題となっている（p.139参照）。

このように体の健康は心の健康に大きく影響し，それがさらに体の健康に影響し，と循環をくり返している。そこにどのような機序があるのか，具体的にどのような病気が関わっているのかを理解しておくことは，心身の健康維持のために極めて重要である。

第1章　消化器とその病気

1.1節　はじめに

A. 消化

私たちのからだは生きている限り，昼夜を問わずエネルギーを消費している。毎日，エネルギーのもととなる食べ物から栄養素をからだに取り込んでいる。しかし，食べ物に含まれる炭水化物やタンパク質などの栄養素は，そのままの形ではからだに吸収することができない。そのため，私たちのからだは食べ物を物理的に細かくしたり，化学反応によって分解したりして栄養素を吸収できる形に変えている。この一連の過程が消化であり，その役割を果たすのが消化器とよばれる器官である。

B. 消化器

消化器は，口腔，食道，胃，小腸，大腸，肛門というひと続きの管（消化管）と，だ液腺，膵臓，肝臓，胆のうなどの消化液を分泌する臓器から構成されており（**図1.1**），栄養素の「吸収」と，吸収できる形に栄養素を分解する「消化」とを担っている。

消化管の内側（管腔側）には**粘膜**があり（口の中なら舌で触れられる），外側には**筋**

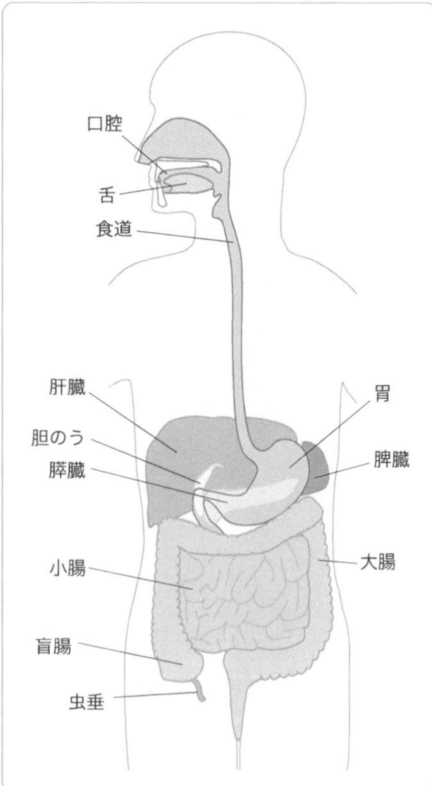

図1.1　消化器官

肉の層がある。筋肉の層の内側は輪状に（**内輪筋**），外側は縦方向（**外縦筋**）に筋肉は走っている。粘膜は，口と食道，肛門近くは頑丈な**重層扁平上皮**で（固い食べ物や便が通るため），胃から大腸は栄養素や水分の吸収，消化液の分泌がしやすい**単層円柱上皮**でできている。

口に入った食べ物は，約10 mもある消化管を通る過程で消化・吸収され，約24～72時間後に便として肛門から排泄される。

消化器の働きは，私たちが意識することなく自律神経によって自動的にコントロールされている。自律神経には，**副交感神経**と**交感神経**とがあり，副交感神経が働くと消化液の分泌が促進され，小腸や大腸の運動が活発化する。一方，交感神経はその逆の働きをする。この自律神経のバランスによって小腸や大腸などの活動は適切に調整されている。また，小腸や大腸などでは，栄養だけでなく水分の吸収も行われている。消化液として大量の水分（1日約7 L）が消化管内に放出されるので，その分を含め大量の水分を体内に再吸収する必要がある。

C. 栄養素の消化

私たちが毎日口にしている食べ物には，いろいろな栄養素が含まれており，そのうち炭水化物，タンパク質，脂質の3つは三大栄養素とよばれる。炭水化物は，米やパンなどの主食に多く含まれ，からだを動かすためのエネルギー源となる。タンパク質はからだを作る筋肉，細胞を構成する成分，代謝を促す酵素やホルモンなどのもとになる。脂肪は，炭水化物と同様に重要なエネルギー源となる。

三大栄養素は，そのままの形ではからだに吸収することができない。消化管を通る過程で消化液やそこに含まれる消化酵素と混ざりあって化学反応を起こし，それによって低分子に分解され，からだに吸収しやすい形に変えられる。これを**化学的消化**とよぶ（**図1.2**）。また，食べ物と消化液がうまく混ざりあって化学的消化がうまく進むよう，口の中で食物を細かく粉砕したり，胃や腸の筋肉の働きによって食べ物をこねくりまわしたりすることを**物理的消化**とよぶ。

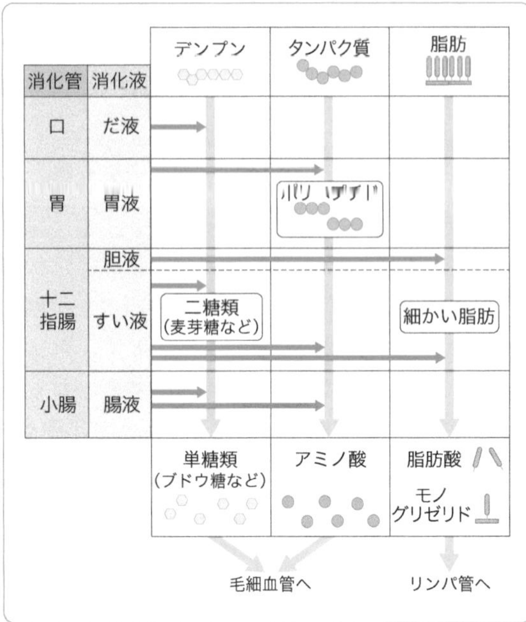

図1.2　三大栄養素の消化

1.2節　消化器系の臓器

A. 口腔と食道

消化は食べ物が口に入った瞬間からはじまる。消化管の入り口にあたる口腔（口の中）には歯と舌があり，そこで食べ物を細かく噛み砕く咀嚼が行われる。これによって食べ物の表面積が増え，口腔内でだ液とよく混ざりあう状態になる。だ液は，だ液腺で作られ口腔内に流れ込み，細菌の繁殖を防いだり，咀嚼や飲みこみ（嚥下）をしやすくしたり，味を感じやすくしたりするなどさまざまな役割を果たしている。だ液には**アミラーゼ**とよばれる消化酵素が含まれており，米などの炭水化物のうち，だ液と接触した部分はマルトース（麦芽糖）にまで分解される。

口腔内で咀嚼された食べ物は，のど（咽頭）を通って食道へと流れ込んでいく。食べ物が食道の入り口にさしかかると，食道の内側にある輪状筋が蠕動運動（食べ物の口側の輪状筋が閉まり胃側の輪状筋は開いて，食べ物を胃側に押し出す）をはじめる。一度飲みこんだ食べ物が逆立ちしても口に戻らないのは，この蠕動運動の働きによる。こうして食べ物は口腔から食道を通りぬけて胃へと運ばれていく。

B. 胃

胃に流れこんだ食べ物は，そこでさらに細かく砕かれ，ドロドロのかゆ状にされていく。胃の入り口には，食道への逆流を防ぐ**噴門**があり，胃の出口には食べ物を少しずつ小腸（十二指腸）に送り出すための**幽門**がある。この2つの門の働きによって，消化途中の食べ物が胃からあふれ出すことを防ぐ。食べ物が入ってくると胃は1.2～1.6 Lほどに膨らむ。胃には，縦・横・斜めの方向へ収縮する3層の筋肉（内側から内斜筋，内輪筋，外縦筋）があり，それらがたくみに伸び縮みすることで食べ物と胃液がうまく混ざりあう。胃液は，胃の内側を覆う粘膜で作られている。その主な成分は**胃酸**と消化酵素の**ペプシン**である。胃酸はpH 1～2という強い酸性の液体で，食べ物の繊維をやわらかくしたり食べ物を殺菌したりする。胃酸と混ざることで効果を発揮する消化酵素のペプシンは，食べ物に含まれるタンパク質の分子を，より小さな分子であるペプチドに分解する働きをもつ。食べ物は，胃で消化されてかゆ状にされたのち，少しずつ小腸（十二指腸）に送り出されていく。

C. 小腸

小腸は，消化・吸収の90%以上を担う最も重要な消化器官で，十二指腸，空腸，回腸の3つの部分からなっている。全長は約6 mにおよぶ。小腸の内側にはたくさんのヒダがあり，さらにそのヒダの壁は**絨毛**(じゅうもう)とよばれる高さ1 mmほどの無数の突起で覆われている（**図1.3**）。こうしてたくさんのヒダと絨毛からなる小腸内側の表面積は約200 m^2（テニスコート1面分に相当するほどの大きさ）となり，栄養素を効率よく吸収できるようになっている。

胃で消化され，かゆ状にされた食べ物は，小腸の入り口部分にあたる**十二指腸**に送りこまれる。十二指腸の長さは25 cmほどで指12本分の幅とほぼ同じであることからその名がつけられている。十二指腸には膵臓で作られた**膵液**が膵管を通って流れこんでくる。この膵液は最も強力な消化液であり，炭水化物，タンパク質，脂質を分解するためのさまざまな消化酵素を含む（図1.2参照）。また，十二指腸には肝臓で作られた後に胆のうに蓄積された**胆汁**も，胆管を通って流れこんでくる。胆汁は，消化酵素を含んではいないが，セッケン（界面活性剤）と同じ作用によって脂肪の塊を細かく分解し，消化・吸収しやすくする働きをもっている。

空腸（胃に近いほう）や**回腸**（大腸に近いほう）を通りぬける間に，食べ物に含まれるほとんどの栄養素と水分[1]が吸収されていく。空腸や回腸は，蠕動運動によって食べ物を先の方に送り出していく。また，腸管を太くしたり細くしたりすることで食べ物をかき混ぜ，消化酵素とよく混ざりあうようにしている。空腸と回腸の粘膜上皮にも消化酵素があり，そこで栄養素の最小単位（単糖類やアミノ酸など）にまで分解が進み（消化の仕上げ作業），体内に吸収される。

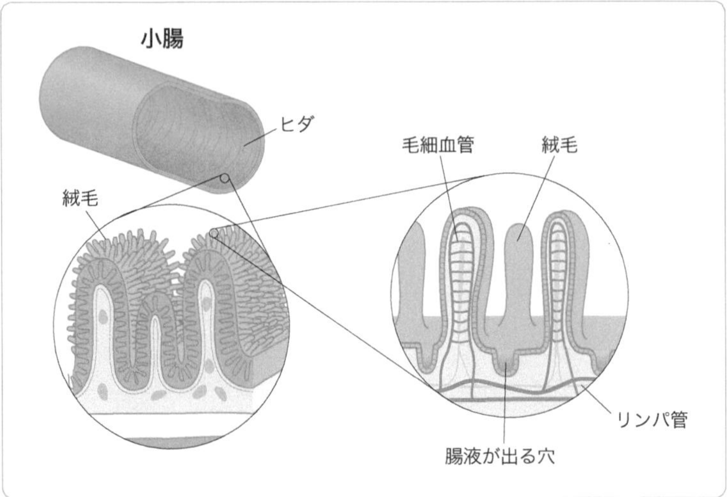

図1.3　小腸内膜の絨毛突起の構造

D. 大腸

大腸は，消化管の最後部に位置し，食べ物に残った水分やナトリウムなどの電解質をさらに吸収して便を作る役割を担っている。大腸の直径は小腸の2倍と太く，長さは1.5 mほどである[2]。小腸から移送されてきた液状の便から水を吸収して固形の便を作り，それを蓄積する。直腸に便が移動してく

1　食べ物，飲み物として摂取する水分約2 Lと，消化液として分泌する水分約7 Lの合計約9 Lのうち，85%は小腸で，15%は大腸で吸収する。便とともに排出されるのは全体の1%ほどである。

2　大腸の大部分は**結腸**とよばれる部分で，ほかには肛門のすぐ手前の**直腸**，小腸（回腸）が大腸に接続する部分の**盲腸**がある。

ると便意を感じるようになり，排便反射が起きて排便にいたる。

大腸には大腸菌や乳酸菌など100種類以上の**腸内細菌**が存在する[3]。腸内細菌は，胃や小腸で消化されない食物繊維やタンパク質などを分解したり，ビタミンK類やビタミンB類の産生を行ったり，感染を予防したりとさまざまな役割を果たしている。

E. 肝臓・胆のう

肝臓は「人体の巨大な化学工場」とよばれるように，**栄養素の貯蔵や分解**，からだに必要なさまざまな**物質の合成**，**有害物質の無害化**，**胆汁の合成**などたくさんの機能を担っている，まさに「肝心かなめの臓器」である。肝臓は，人体の中では最も重い臓器で，その重さは体重の約1/50におよぶ。

小腸などで吸収された栄養素は，そのまま全身に運ばれるのではなく，**門脈**とよばれる血管を通ってまずは肝臓に送られる。肝臓に届けられた栄養素は，そこで化学処理されて体の各部分で利用しやすい形にされたり，貯蔵しやすい形にされたりする。例えば，小腸で炭水化物から分解されてできたブドウ糖などは，肝臓で貯蔵できる**グリコーゲン**に変えられる。一方，肝臓では必要に応じてグリコーゲンを分解してブドウ糖に変え，全身へ送り出している。こうして血液中に常に一定量の糖分を供給できるようにしている。

肝臓は，アルコールやニコチン，老廃物であるアンモニアなどの人体に有害な物質を無害な物質に分解する働き（**解毒**）もある。また，肝臓では胆汁も作られている。**胆汁**は肝臓で作られたのち胆のうに送り込まれてそこで濃縮され，胆管を通って十二指腸に分泌されていく。

肝臓の細胞（肝細胞）は，約50万個が集まって直径1 mmほどの**肝小葉**という集合体を作っている（**図1.4**）。この肝小葉が栄養素の化学処理や有害物質の解毒などを行っている。肝小葉がさらに50万個ほど集まって肝臓が形づくられている。

胆のうでは，肝臓で作られた胆汁を濃縮して貯めている。食物（特に脂肪分）が十二指腸に入ってきたときに，十分な量の濃い胆汁を放出できるようにするタンクの役割を果たしている。

3　小腸の大腸寄り（回腸）にも多少の腸内細菌は存在するが，大腸の方が桁違いに多い。

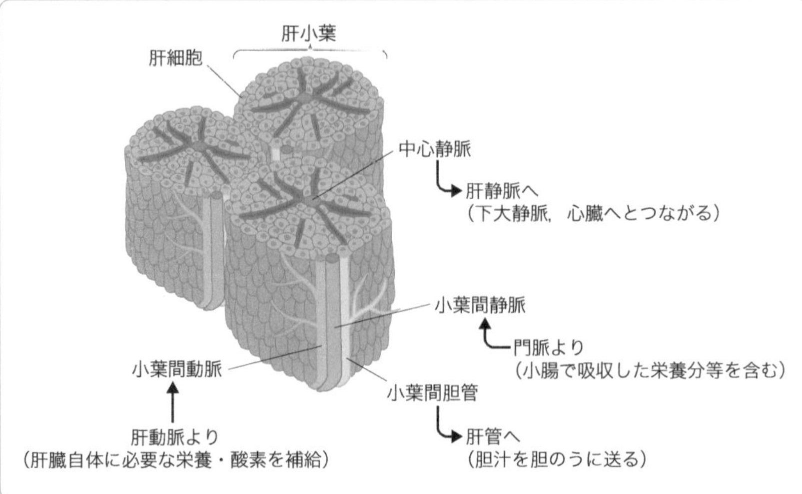

図1.4　肝臓の基本単位「肝小葉」

F. 膵臓

膵臓は胃の後ろに位置する長さ15cmほどの臓器である。膵臓では，消化液の中で最も強力な**膵液**が作られている。膵液には，炭水化物，タンパク質，脂質を分解するためのさまざまな消化酵素が含まれている。膵液は，膵管を通って十二指腸に流れ込む。膵臓ではアルカリ性の重炭酸イオンが分泌されるため，十二指腸に流れ込む膵液は，強酸性の胃液を中和する働きをもつ。

膵臓内部には，ランゲルハンス島という内分泌組織があり，血糖を上げるホルモンである**グルカゴン**と，血糖を下げるホルモンである**インスリン**の両方を生成・分泌している（p.39参照）。

1.3節　消化器系の疾患

A. 食道の主な病気

i）食道がん

食道がんの主な原因は，**喫煙**や**アルコール**の多飲である。これらが食道を刺激し，粘膜が変性を起こしてがん化すると考えられている。そのため食道がんは**アルコール依存症**と合併することが多い。このため女性よりも男性で多く，年齢別には50歳代から増えはじめる。食道がんは，初期には自覚症状がないことが多いので，早期発見のためには検診や人間ドックを定期的に受けて内視鏡検査などを行う必要がある。がんが進行するにつれて飲食時の胸の違和感，食べ物がつかえる感じ，体重減少，胸や背中の痛み，咳，声のかすれなどの症状が出現する。日本人の食道がんのほとんどを占める扁平上皮がんには，**放射線**や**抗がん剤**が比較的よく効く。食道がんを予防するためには禁煙し，飲酒も適量に保つことが重要である。

ii）逆流性食道炎

食道と胃との境にある筋肉のしまりが悪くなったり，心理的なストレスなどの影響で胃酸が出すぎたりすること（胃酸過多）によって生じる病気である。強い酸性の胃液が食道に逆流することで食道粘膜に炎症が生じ，胸やけや胸痛といった症状が現れる。

B. 胃腸の主な病気

i）下痢

急性の下痢（**感染症**，**下剤**の使い過ぎなどによる）と慢性の下痢（**潰瘍性大腸炎**（x）などの炎症性疾患，**過敏性腸症候群**（ix）などで起こる）に分けられる。急性の下痢では，水分の大量消失による脱水が問題で（コレラのように命に関わる場合もある），輸液などの治療を行う。

ii）便秘

腫瘍，巨大結腸など大腸の形態の変化（病気）で起こる場合と，それがない場合とがある（多くは後者）。高齢者では**虚血性大腸炎**となって腹痛，下痢，下血が起こることがあり，また前者は**腸閉塞**となって腹痛，嘔吐が起こり，手術を含む本格的治療が必要となることがある。「便秘」といえど，あなどってはいけない。なお**巨大結腸**は大腸が慢性的に拡張する病気で，大量の薬剤を長期に服用している精神科患者ではみられやすい。

iii）ピロリ菌感染症

1982年に発見された**ピロリ菌**（ヘリコバクター・ピロリ）は，胃腸のさまざまな病気と関連することがわかっている。なかでも，日本人の胃がんの多くはピロリ菌感染によるものといわれている。ピロリ菌は，胃液にさらされても自ら分泌する物質によって酸を中和し，殺菌されない。また，ピロリ菌は胃がんだけでなく慢性胃炎や胃・十二指腸潰瘍の原因でもある。ピロリ菌感染を早期に発見し，除去することができれば，胃がんなどの予防の可能性も高まる。

iv）胃がん

胃がんは，胃壁の内側にある粘膜の細胞ががん化してできる病気である。日本では肺がん，大腸がんに次いで死亡数の多いがんである（2018年時点）。女性よりも男性に多く，50歳代から増えて80歳代でピークをむかえる。胃がんは，早い段階では自覚症状がほとんどなく，かなり進行しても症状がない場合もある。代表的な症状は，胃（みぞおち）の痛みや不快感，胸やけ，吐き気，食欲不振などである。また，胃がんで出血することによって起こる貧血や黒い便が発見のきっかけになる場合もある。胃炎や胃潰瘍などの治療で内視鏡検査を行ったときに偶然に胃がんが見つかることもある。**ピロリ菌感染**や**喫煙**，**塩分**の多い食事などが発病のリスクを高めることがわかっている。

v）急性胃炎（急性胃粘膜病変）

急性胃炎は，**暴飲**・暴食や**消炎鎮痛剤**などの薬剤，心理的ストレス，サバやイカの生食による寄生虫感染などが原因で急に胃の粘膜がただれたり出血したりする病気で，胸やけ，みぞおちの痛み，嘔吐などが症状として表れる。原因を取り除き，胃への負担を減らすことが必要となる。

vi）慢性胃炎

慢性胃炎は，主にピロリ菌感染によって長い時間をかけて胃の粘膜が萎縮することで生じる。萎縮が進むと胃酸の分泌が低下し，消化不良を起こすため，食欲不振や胃もたれなどの症状が表れる。進行すると胃がんが発生することもある。治療には，粘膜保護剤や消化剤などの薬による対処療法，ピロリ菌の除去などがある。

vii）胃・十二指腸潰瘍

胃・十二指腸潰瘍は，胃粘膜を保護する粘液と胃酸や消化液の分泌のバランスが崩れ，胃や十二指腸の内壁自体が消化液で傷つく病気である。このバランスを崩す要因としては，緊張や不安などの**心理的ストレス**，**解熱鎮痛薬**（アスピリンその他），**ピロリ菌**感染があげられる。潰瘍は酸分泌抑制剤の使用で治すことができる。また解熱鎮痛薬の中止，ピロリ菌の除去が治療として重要である。

viii）大腸がん

大腸がんは日本で増加傾向にあり，特に女性のがん死亡では最も多いがんである。直腸とS状結腸に多くできるがんで，初期症状として血便などがよくみられる。ただし，大腸の奥にできた場合は，ほとんど自覚症状がない。便の中に血液がまじっていないかどうかを調べる便潜血検査や大腸内視鏡などが早期発見に有効といわれている。

ix）過敏性腸症候群

過敏性腸症候群（IBS）は，大腸に腫瘍や炎症などがないにもかかわらず，腹痛が続いたり便秘や下痢などの症状が数ヶ月以上にわたって続いたりする病気である。排便により緩和される腹痛と，下痢や便秘などの便通異常が主な症状である。心理的ストレスが症状を悪化させる要因の1つと考えられている。症状が重症の場合は，通勤電車に乗れないなど日常生活に大きな支障をきたす場合もある。

x）潰瘍性大腸炎

大腸粘膜に潰瘍などが広がる炎症性疾患で，粘血便，下痢，腹痛がみられる。10代後半から30代前半に好発し，再燃と寛解を長年にわたりくり返す。わが国では増加傾向にある。遺伝的要因，環境的要因とともに心理的ストレスが影響し，医学的治療とともに心理的支援も大切である。

C. 肝臓の主な病気

i）ウイルス性肝炎

日本ではウイルス性肝炎の原因の多くは，血液を介して感染するB型肝炎ウイルスとC型肝炎ウイルスである。両ウイルスに感染した人々の一部は慢性肝炎，さらには肝硬変，肝がんへと移行する。一方，食事などから感染するA型肝炎は急性肝炎を起こすが，慢性肝炎や肝硬変，肝がんにはほとんど移行しない。

ii）アルコール性肝炎

飲酒は肝臓での脂肪合成を促すため，長期にわたって多量に飲酒すると肝臓に脂肪がたまって脂肪肝になる。さらに飲酒を続けると肝炎や肝がんにも進行する。そのため，アルコール依存症には肝硬変や肝がんなどの肝臓病が高率に合併する。

iii）薬物性肝障害

肝臓は多くの薬物を代謝・分解する臓器のため，薬物による肝障害が起こりやすい。薬物（**解熱鎮痛薬**，**抗菌薬**（抗生物質），**漢方薬**など）や**健康食品**（サプリメント）の使用で起こる。無症状で血液検査にのみ異常値が見られる場合から，急性肝炎，劇症肝炎となる場合まで，症状のレベルはさまざまである。原因薬剤の中止で大部分は軽快する。なお精神科の患者では，複数の薬剤を長期に服用している人が多いので，注意を要する。複数の薬剤を使っていると，何が原因の薬剤か同定しにくいのと，長期の服薬が必要な場合，代わりの薬剤をどうするかも問題となる。

iv）肝硬変

B型やC型の肝炎ウイルスによる慢性肝炎，多量・長期の飲酒，過栄養などによる脂肪肝や慢性肝炎が徐々に進行して肝臓が硬くなった状態をいう。慢性肝炎が起こると肝細胞が壊れ，壊れた部分を補うように線維質（コラーゲン）が蓄積して肝臓のなかに壁ができていく。その結果，肝臓全体がごつごつして硬くなり，大きさも小さくなっていく。肝硬変になると，腹水や黄疸，食道静脈瘤，消化管出血，肝性脳症などが起こる。死亡時には肝がんを併発していることが多い。

v）肝がん

主な肝がんである肝細胞がんは，多くは慢性肝炎や肝硬変といった慢性の肝臓病を経たのちに発生する。慢性の肝臓病によって，肝細胞の破壊と再生を長期にわたってくり返すことが発がんの大きな原因であると推定されている。なお，ウイルス性肝炎，アルコール性肝炎を含む急性肝炎，慢性肝炎，脂肪肝，肝硬変，肝がんの関係を**図1.5**に示す。

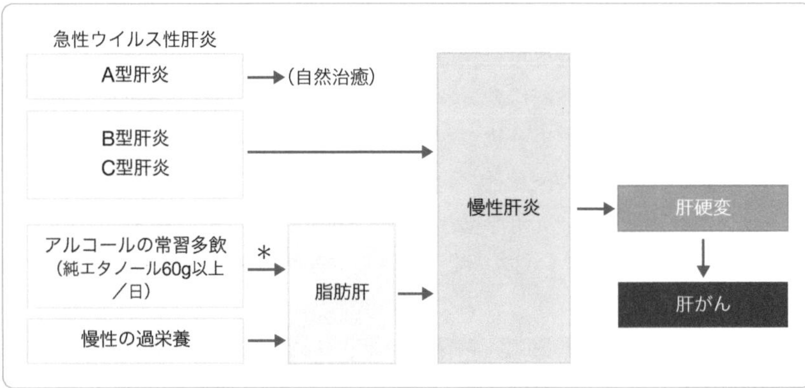

図1.5　急性肝炎, 脂肪肝, 慢性肝炎, 肝硬変, 肝がんの関係
＊節酒, 禁酒を含む治療, 予防を行うことで進行を止めたり遅らせせることも可能である。
純エタノール60 gはビールのロング缶3本に相当。

Column 腸脳相関

腸脳相関とは, 脳の状態が腸に影響をおよぼし, 逆に腸の状態も脳に影響をおよぼすといった脳と腸の密接な相互関係のことをいう。脳と腸は自律神経系やホルモン, 免疫系などを介して互いに影響をおよぼしあっている。大腸内の常在菌と脳機能との関連が注目されており, 腸内細菌と脳との相互作用に着目した“脳—腸内細菌相関”という概念も提唱されている。近年, 腸内細菌のバランスが自閉症やうつ病などの疾患と関連していることを裏づける証拠が積み重ねられつつあり, 腸内細菌に着目した新たな治療法の開発も試みられている。

章末演習問題

以下の各問の正誤を答えよ。

問1　消化器は, 口腔, 食道, 胃, 小腸, 大腸, 肛門からなる曲がりくねったひと続きの管（消化管）と, 消化液を分泌する膵臓, 肝臓, 胆のうなどからなる。　□正　□誤

問2　胃は, 縦・横・斜めの方向へ収縮する3層の筋肉をもち, それがたくみに伸び縮みすることで, 食べ物と胃液とをかき混ぜる。
□正　□誤

問3　胃酸はpH1～2という強い酸性の液体であり，食べ物の繊維をやわらかくしたり，食べ物を殺菌したりする。　□正　□誤

問4　ペプシンは，食べ物に含まれるタンパク質を切断して，より小さな分子であるペプチドに分解する働きをもつ。　□正　□誤

問5　緊張や不安などが続くと，胃を守る粘液の分泌量が減り，胃酸によって胃の壁が傷ついて胃潰瘍が生じる。　□正　□誤

問6　強酸性の胃酸は，「ピロリ菌」を殺菌する作用をもつ。

□正　□誤

問7　交感神経が働くと消化液の分泌が促進され，小腸や大腸の運動が活発化する。　□正　□誤

問8　ストレスが症状を悪化させる「過敏性腸症候群」は，通勤電車に乗れないなど日常生活に支障をきたすことがある。　□正　□誤

問9　喫煙やアルコール類の多飲などによって，食道粘膜が刺激され，変性することによって食道がんが発生する。　□正　□誤

問10　大腸がんは日本で増加傾向にあり，男性のがん死では最も多い。

□正　□誤

問11　小腸などで吸収された栄養素の大部分は，肝臓を通ったのちに全身へ運ばれる。

□正　□誤

問12　肝小葉は，栄養素の化学処理や有害物質の分解などを行う肝臓の基本単位である。　□正　□誤

問13　A型肝炎は，急性肝炎を起こし，その後，慢性肝炎，肝がんへと発展することが多い。　□正　□誤

問14　胆汁は，胆のうにて生成され，そこで濃縮される。

□正　□誤

問15　膵臓では，血糖値を下げる「インスリン」と血糖値を上げる「グルカゴン」の両方のホルモンが作られる。　□正　□誤

第2章 循環器とその病気

循環器は心臓と血管からなり，血液により栄養と酸素を体中に運ぶ役割を果たしている。

2.1節 心臓の解剖と機能

A. 心臓は筋肉でできたポンプである

心臓は全身に血液を送るポンプの役割を果たす筋肉（心筋[1]）の塊で，胸部の左側にある（耳をあてれば拍動が確認できる）。

B. 心室の拡張・収縮と弁による逆流防止

心臓は**右心房**，**右心室**，**左心房**，**左心室**の4つの部屋に分かれているが（**図2.1**），実際に拡張・収縮してポンプとして働いているのは主に心室である。このうち右心室は全身から戻った血液（**静脈血**，二酸化炭素が多く酸素が少ない）を肺に送る。肺で二酸化炭素と酸素が交換された血液（**動脈血**）は，左心室から全身に送り出される。

心室の出入り口には弁がついていて，心室の**収縮**時（血液を押し出すとき）は出口（左は全身に通ずる**大動脈弁**，右は肺に通ずる**肺動脈弁**）が開き，入り口（左が**僧帽弁**，右は**三尖弁**）は血液が逆流しないよう閉じている。

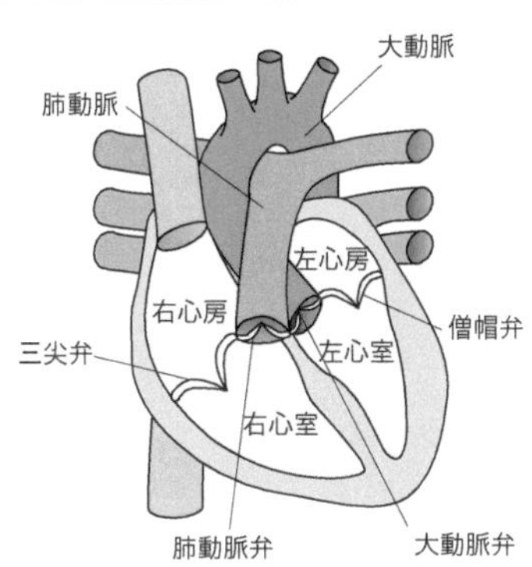

図2.1　心臓の構造

収縮で中の血液が押し出されると，

1　**心筋**は**横紋筋**だが骨格筋とは細胞の形が異なる。また，自律神経に支配されているので自分で止めたり動かしたりはできない。

次は心室が**拡張**し，**心房**にたまった血液（全身や肺から心臓に戻ってきた血液）を心室に取り入れる。その時は左右とも心室の入り口（僧帽弁，三尖弁）は開いているが，出口（大動脈弁，肺動脈弁）は閉じて，大動脈や肺動脈からの血液の逆流を防いでいる。

C. 心室の収縮のリズム

収縮のリズムは，心房上部の**洞結節**からの電気刺激で作られる。

D. 心筋への酸素と栄養の供給：冠動脈

心臓は生まれてから死ぬまで常に動いており，多くの**酸素**と**栄養**を必要とする。これらは大動脈の入り口で分岐して心臓の表面を通る**冠動脈**で供給される。

2.2節　循環器疾患

心臓や血管の問題から，全身や心臓自体に正常に血液を送れなくなる病気（病態）の総称。心臓の病気は日本人の死因の第2位である（第1位はがん）。

診断には**心電図**（ホルター心電図），**心エコー**，CT，MRI，心カテーテル検査が用いられる。治療には薬物療法，ペースメーカー，植込み型除細動器，補助人工心臓，外科手術（心臓移植を含む）がある。**減塩**などの食餌療法，適度な運動を含む心臓リハビリテーションなどのセルフケアも重要である。

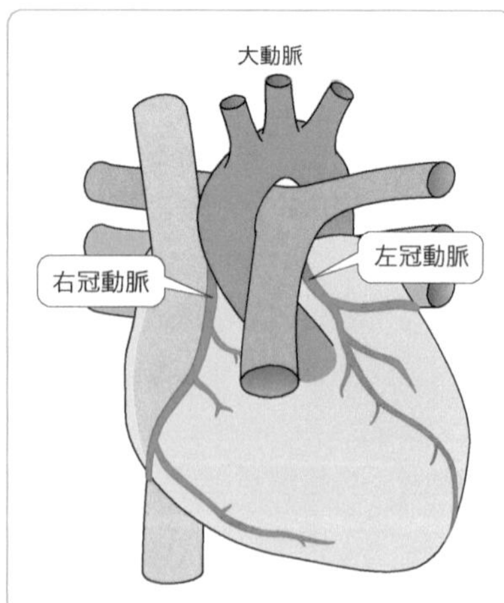

図2.2　心臓の血管

A. 虚血性心疾患

心臓そのものに血液を供給する血管（冠動脈，**図2.2**）が狭くなったり（**狭窄**），詰まったり（**閉塞**）して起こる。血液の一時的な供給不足である**狭心症**と，長時間の供給停止で心筋が壊死する**心筋梗塞**に分けられる。

狭心症では胸が激しく締め付け

られるような痛みが起こるが，通常10分以内で収まる。心筋梗塞ではそれより長く続き，重症の場合は意識を失い死に至ることもある。原因としては，動脈硬化が多い。

治療としては，**カテーテル**を用いて冠動脈の狭窄部位を広げる方法，**血管拡張剤**や血が固まるのを防ぐ**抗血小板薬**が用いられる。予防として血が固まるのを防ぐ**アスピリン**の少量服用も用いられるが，同時に出血のリスクも高まるので，服用量に注意が必要である。外科手術（**冠動脈バイパス術**）も時に用いられる。

B. 弁膜症

左右の心室の入り口と出口が狭くなったり（**狭窄**），弁がしっかり閉じなくなって（**閉鎖不全**）起こる病気。血液の流れが悪くなったり逆流が起きるため，心臓に大きな負担がかかる。また心臓の中に血液の塊ができて，肺や脳の梗塞の原因となることがある。治療として，ダメになった弁を人工弁に置き換える手術（**弁置換術**）が行われる。

C. 不整脈

心臓の拡張・収縮（拍動）のリズムが乱れる病気。心臓は通常1分間に60～100回程度の，規則的な拍動をくり返しているが，それが速くなりすぎる場合（**頻脈性不整脈**），遅くなりすぎる場合（**徐脈性不整脈**）に分けられる。

最も頻度が高いのは，規則正しい脈に不規則な脈が入り込む**期外収縮**である。ただし正常でも起こることが多く，頻度が少なければ，病気と考える必要はない。

不整脈が起こす問題には，1）心臓の動きの乱れから**血液の塊**が心臓内にできて，肺や脳の梗塞につながること（心房細動など），2）血液の拍出が弱くなり，**脳虚血による失神**などが起きやすいこと，3）心停止のリスク（**心室細動**，**心室頻拍**など）がある。

治療には，抗不整脈薬を用いた薬物療法，**電気的除細動**（医療機関以外の場所でも，自動体外式除細動器**AED**が用いられる），不整脈の原因となっている心臓内の部位をカテーテルで焼く方法（カテーテルアブレーション）がある。**植込み型除細動器**が用いられることもある。

D. 心筋症

心臓の筋肉そのものの病気。**拡張型**，**肥大型**，**拘束型**に分けられる。筋ジストロフィー（p.138参照）など筋肉の病気でも起きるが，多くは原因不明で，進行すると心不全となり，突然死のリスクもある。薬物療法が対症的に行われるが，根本治療は心臓移植である。

E. 先天性心疾患

生まれた時からみられる心臓の構造異常。出生児全体の約1％にみられる。最も多いのは左右の心室の間に穴が開いている**心室中隔欠損症**で，ほかには左右の心房の間に穴のある**心房中隔欠損症**，大動脈と肺動脈の間にある動脈管が出生後も塞がらない[2]**動脈管開存症**などがある。いずれも全身から戻った静脈血の一部（～大部分）が肺動脈（⇒ 肺でのガス交換）を経ないで大動脈（⇒ 全身）に拍出されてしまうため，酸素が不足し，それを補う心臓の負担も大きい。Fallot四徴症など，複数の先天異常が重なる子どももいる。

外科手術の対象となることが多い。重症度と年齢を考慮して，根治的手術か部分的な手術が選択される。

F. 心不全

心臓が血液を送り出す力が低下し，全身の血液循環の悪化や，肺や静脈への血液の滞溜（**うっ血**）が起こった状態。虚血性心疾患や弁膜症，心筋症などの心臓疾患の悪化，その他の心臓のポンプ機能低下で起こる。

症状には**易疲労**（酸素を十分に含んだ新鮮な血液の不足による），肺のうっ血からくる**呼吸困難**や**息切れ**，静脈のうっ血からくるむくみ（**浮腫**），頸静脈の怒張などがある。

治療には**利尿剤**や**強心剤**が使われるが，重症では補助循環法（大動脈内バルーンパンピング）や補助人工心臓が使われ，心筋シート（**コラム**）や**心臓移植**も検討される。

2　出生前，母胎内では肺での呼吸は行えないため，肺はしぼんだ状態にある。このため肺動脈から肺に流れる血液はわずかで，大部分は動脈管を経て大動脈に直接流れる。このほか，全身から右心房に戻った血液の一部は，左右の心房の間の穴（卵円窓）を通じて，直接左心房に流れる。動脈管と卵円窓は，出生と同時に閉じるが，これが閉じないまま残ってしまうのが，動脈管開存症と心房中隔欠損症である。

Column 再生医療—心筋シート

再生医療とは，臓器や組織の欠損や機能不全に対して，**幹細胞**（**iPS細胞**）を用いてそれらの臓器や組織を再生して機能回復を目指す医療である。日本では心不全の治療として，大腿部から採取した細胞を培養してシート状にした**心筋シート**を，患者の心臓表面に移植する治療が，条件つきながら承認されている。

G. 動脈硬化

老化や，**コレステロール**等の血管壁への沈着により，血管が狭くなって血管の壁も硬く弱くなった状態。臓器への血液供給が不足するほか血管が破れやすくなり，**脳梗塞**，**脳出血**，**心筋梗塞**などの原因となる。

H. 心内膜炎

心臓の内側の膜（心内膜）に炎症が起きると，血小板・炎症細胞などからなる塊が主に弁の部分に増殖する。塊がはがれて，脳梗塞を起こすこともある。原因としては，**歯肉炎**や**抜歯**などによる口腔内の感染や，手術などで細菌が血液に入って起きる場合（**感染性心内膜炎**）と，がんや自己免疫疾患で起こる場合がある。予防のために**口腔内の清潔**を保つことが大切である。

章末演習問題

以下の各問の正誤を答えよ。

問1　心疾患は日本人の死因の第1位である。　□正　□誤

問2　心不全とは，心機能が軽度低下した状態である。　□正　□誤

問3　虚血性心疾患の主な原因は，動脈硬化である。　□正　□誤

問4　心筋梗塞は，冠動脈の一時的な狭窄で起こる。　□正　□誤

問5　不整脈から心停止になることがあるが，AEDなどの電気的除細動が有効である。　□正　□誤

問6　心筋症の原因は，動脈硬化である。　□正　□誤

問7　先天性心疾患で最も多いのは，心室中隔欠損症である。
□正　□誤

問8　出生時からみられる先天性心疾患は，手術はせず薬で治療することが多い。　□正　□誤

問9　右心室の出口には大動脈弁がある。　□正　□誤

問10　心房細動などの不整脈では心臓内に血の塊（血栓）ができやすく，脳梗塞などのリスクが高まる。　□正　□誤

〈参考文献〉

Anzai, T., Sato, T., Fukumoto, Y., et al., Japanese Circulation Society Joint Working Group.（2021）. JCS/JHFS 2021 Statement on Palliative Care in Cardiovascular Diseases. *Circulation Journal*.

第3章 呼吸器とその病気

3.1節 はじめに

A. 呼吸とは

私たちのからだの中では，食べ物から得られた栄養素をエネルギーに変換する作業，すなわち**エネルギー代謝**がたえず行われている。エネルギー代謝の際に必要となる酸素を外の空気から取り込み，同時に代謝によって発生した二酸化炭素をからだの外に送り出す，この一連の仕組みを**呼吸**とよぶ。呼吸には**外呼吸**と**内呼吸**とがある。外呼吸は，鼻や口から肺の中へと外気を吸い込み，肺の中を流れる血液との間でガス交換（酸素の取り込みと二酸化炭素の放出）を行うことである。内呼吸は，全身の一つひとつの細胞とそこを流れる血液との間でガス交換を行うことである。

B. 呼吸器とは

呼吸器とは，鼻や口から肺にいたるまでの外呼吸に関与する器官であり，大きくは空気を運ぶ気道（鼻腔，咽頭，喉頭，気管，気管支，細気管支，末梢気管支など）と，ガス交換を行う場としての肺胞とに分けられる。肺は，気道と肺胞の両方が混在する器官である（**図3.1**）。

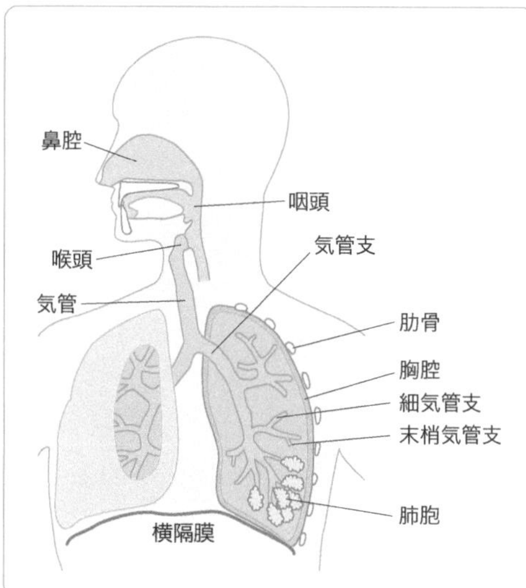

図3.1　呼吸器官の構造

3.2節 呼吸器系の臓器

A. 気道

私たちは鼻と口から外気を吸い込む。口から吸い込む口呼吸に比べると，鼻から吸い込む鼻呼吸の方がよりきれいで温かく湿った空気を体内に取り込むことができる。鼻呼吸では鼻毛がちりやほこり，花粉などを取り除くためのフィルターとして働いて空気をきれいにする。鼻の中の空間である鼻腔に運ばれた空気は，鼻腔の壁にある鼻甲介とよばれる突起の隙間を通って進むうちに体温に近い温度まで温められ，湿度も100%近くまで加湿される（**図3.2**）。こうした仕組みによって気管や肺が冷たく乾燥した空気にさらされることを防ぐことができる。一方，口呼吸では，直接ちりやほこり，細菌やウイルスなどを体内に取り込んでしまう。また，口腔内が乾燥してだ液の量が減り，その結果，虫歯や歯周病の原因菌が繁殖しやすくなる。

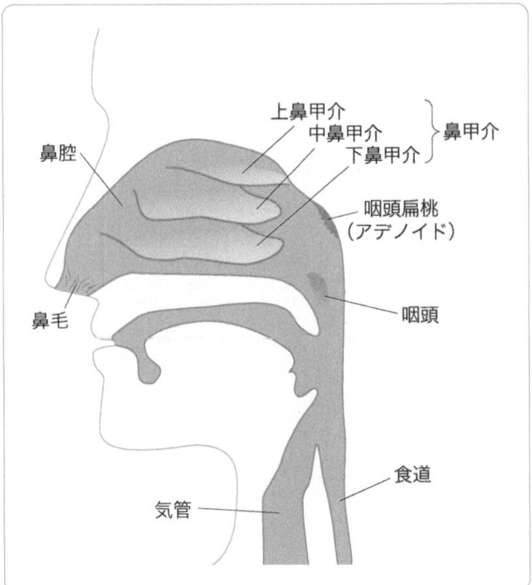

図3.2　気道の構造

鼻や口から吸い込まれた空気は，喉頭，そして気管を通って肺へと運ばれる。喉頭で空気の通り道である気管と食べ物の通り道である食道に分かれる。喉頭には**喉頭蓋**というフタのような軟骨があり，食べ物や飲み物が飲みこまれるときに反射的に閉じて，気管に食べ物が入るのを防いでいる。喉頭蓋の反射は加齢に伴って鈍くなり，高齢者では**誤嚥性肺炎**を起こしやすくなる。気管は，左右に分かれた気管支へと続き，さらに細かく枝分かれしていく。気管や気管支の壁は大部分が軟骨で囲まれており，内部の空間がつぶれにくくできている。気管や気管支の粘膜に付着した異物を排除するために起きるのが**咳**（せき）である。

肺は，左肺と右肺に分かれている。左肺はさらに2つ（上葉と下葉），右肺は3つ（上葉と中葉と下葉）に分かれている。左肺は，右肺よりもやや小さくなっている。これは胸の左側に心臓があるためである。

B. 肺胞

気管支が16回ほど枝分かれして最後に行きつくのが肺胞である。**肺胞**は，球状の小さな部屋が集まったブドウの房のような構造をしている（**図3.3**）。1つの部屋はカズノコ一粒よりも小さく，その数は左右の肺を合わせると約3億個にもなる。肺胞の壁の表面積は畳40畳分もある。吸った空気に含まれる酸素は，肺胞の薄い壁を通過して血液に移る。一方，全身から運ばれてきた血液に含まれる二酸化炭素は肺胞の中へと移る。こうして酸素と二酸化炭素の交換（ガス交換）が肺胞で行われたのち，呼気として体外へと吐き出される。

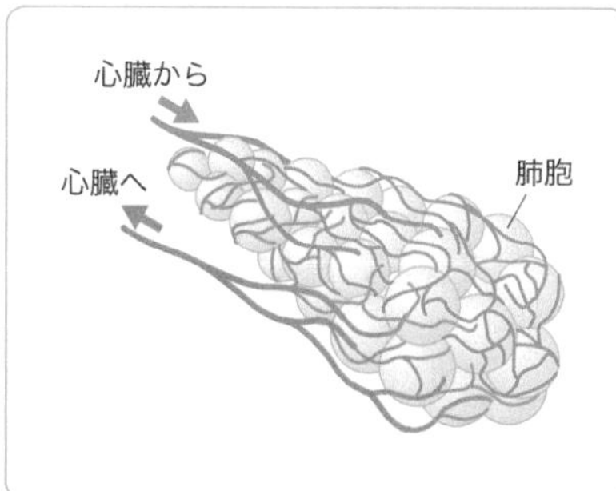

図3.3　肺胞でのガス交換

C. 胸腔と呼吸筋

肺は，息を吸うときに膨らみ，息を吐くときにしぼむ。しかし，肺そのものは自力では膨らんだりしぼんだりすることができない。肺は**胸膜**という袋状の膜で包まれ，密閉されている。この密閉空間は**胸腔**とよばれ，胸腔が広がるとそれに伴って肺は大きくなり，逆に胸腔が狭まるとそれに伴って肺は小さくなる。胸腔の大きさは，肋骨を上下させる**肋間筋**と胸とおなかの境目にある**横隔膜**の働きによって変化する。胸腔と肺を動かすこれらの筋肉はまとめて呼吸筋とよばれる。

肋間筋は肋骨どうしをつなぐ筋肉で，外層（背中側）にある外肋間筋と，内層（胸側）にある内肋間筋からなる。息を吸うときは（**図3.4a**），主に外肋間筋が収縮して肋骨が引き上げられるとともに，横隔膜が下がる。こうして肺をおさめる胸腔が広がり，肺が膨らむ。息を吐くときは（**図3.4b**），主に内肋間筋が収縮して肋骨が引き下げられるとともに，横隔膜が上がる。こうして胸腔が狭くなり，肺がしぼむ。

加齢などによって呼吸筋が衰えていくと肺を十分に膨らませることが難しくなり，その結果，息苦しさを感じるようになる。また，胸膜に穴が開いて密閉されていた胸腔に空気が入ってしまうと，たまった空気に圧迫されて肺が縮んでしまい，呼吸ができなくなる。この状態は**気胸**とよばれ，外傷によって生じる外傷性気胸とその他の原因によって生じる自然気胸がある。

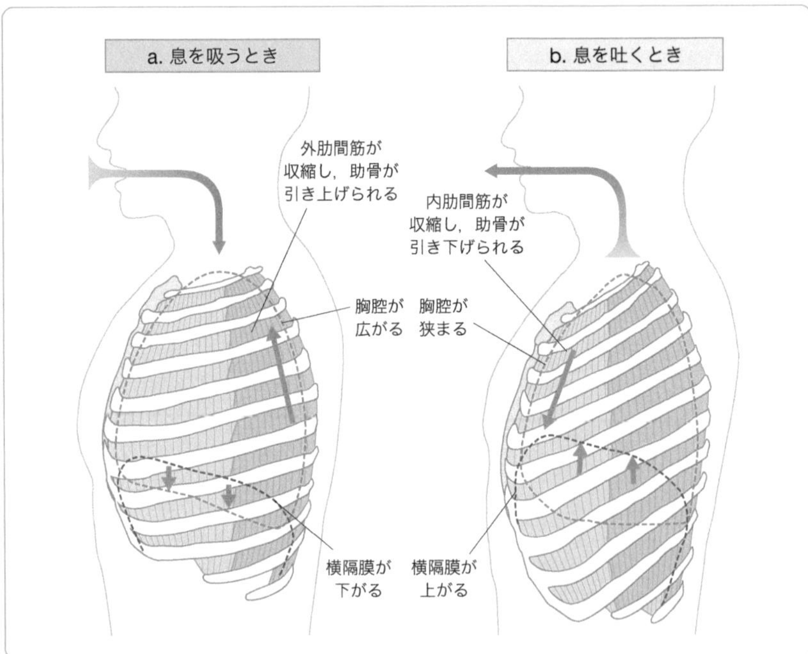

図3.4　肺を動かす呼吸筋の仕組み

3.3節　呼吸器系の疾患

A. 慢性閉塞性肺疾患（COPD：肺気腫と末梢気道病変）

喫煙の影響を大きく受ける肺の病気である。気道では，粘液がたまったり，気道の壁（平滑筋）が厚くなって，空気の通り道が狭くなり，肺への空気の出入りが困難になる（**末梢気道病変**）。また肺では，酸素と二酸化炭素の交換（ガス交換）を行っている肺胞の壁が段々失われ，ガス交換の効率が低下する（**肺気腫**）。なお細かい肺胞の壁が失われる結果，一つひとつの肺胞は大きくなり，風船がのびきったように弾力性が失われる。肺気腫と気道病変が進むにつれ，少し動いただけでも息切れするなど，呼吸障害が重症化する。厚くなった気道の壁や，破壊されてしまった肺胞を元どおりに治すことはできないため，根治を目的にした治療ではなく，病気が進行しないように食い止めたり，出ている症状を緩和したりするための治療を行う。喫煙者である場合は，まずは禁煙することが何よりも重要となる。なお末梢気道病変は気管支喘息とも関連する。

B. 気管支喘息

気管支の粘膜に慢性的な炎症が生じた結果，気管支の内腔が狭くなり，それによって呼吸困難などの症状（発作）が起きる。これをくり返すのが**気管支喘息**である。わが国で最も多い気管支喘息は，家ダニやカビ，スギなどの花粉などに含まれるタンパク質（アレルゲン）を吸入することでアレルギー反応が生じて発症するタイプである。日本では，子どもの8～14%，大人の9～10%に気管支喘息がみられる。発作が起きると咳や痰が出たり，ゼーゼー，ヒューヒューという音を伴って息苦しくなったりする。特に，夜間から早朝に発作が出やすいのが特徴である。発作症状が治まっていたとしても，気管支粘膜の炎症が治っていないと発作の再発が起こる。したがって，日頃から気管支の炎症を抑える吸入ステロイド薬を使って発作を予防することが重要となる。また，気管支拡張薬を適切に使用するとともに，アレルギーの原因がわかっている場合はそれらを避けることも重要となる。

C. 肺炎

肺の組織が細菌やウイルスなどに感染し，炎症を起こすことによって発生する。肺炎の主な症状は，せき，発熱，胸痛，痰，息苦しさなどで，かぜの症状とよく似ている。しかし，肺炎は放っておくと重症化しやすく入院治療が必要になってしまうことも多い。特に免疫力や体力が低下している高齢者では死亡の原因となることも少なくない。

70歳以上の高齢者の肺炎で多いのが**誤嚥性肺炎**である。物を飲み込む嚥下機能が衰えることで，口から食道に入るべきものが気管に入ってしまうことがある（**図3.5**）。これによって食べ物などと一緒に細菌が気道に入ることで肺の中で細菌が繁殖して炎症を起こし，肺炎となる。誤嚥性肺炎を予防するためには，口腔内を清潔に保ち，口の中の細菌を減らすこと，また食事の際に背筋を伸ばして飲み込むようにすることなどが重要である。

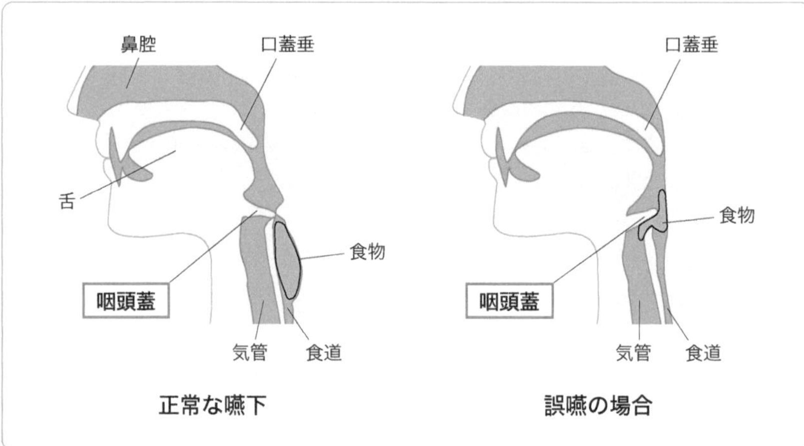

図3.5　誤嚥

D. 肺がん

近年，患者数，死亡率ともに増加傾向にあり，男性ではがん死亡率の第1位，女性では第2位となっている（2018年）。喫煙が大きな危険因子である。肺がんは，ほかのがんと同じように早期の場合はほとんど症状がない。早期であれば手術が最も治癒の期待できる治療法であるが，発見された時には進行している場合が多く，手術のほかに放射線治療や抗がん剤治療，さらにこれらを組み合わせた治療が選択されることが多い。肺がんの早期発見のためには年に1～2回は胸部X線の検査を受けることが大切である。

Column コロナウイルス感染症

コロナウイルスにはさまざまな種類があり，その多くが動物に感染し，病気を引き起こす。そのうち７種類のコロナウイルスが人間に感染することが知られている。これら７種類のうち４種類は，かぜ症状程度の軽症の疾患を引き起こす。一方，残り３つのコロナウイルスは，より重症になる可能性があり，死に至ることもある肺炎の大規模な発生を引き起こす。SARS コロナウイルス２（SARS-CoV2）は，新しいコロナウイルス感染症（COVID-19）の原因として 2019 年末に中国の武漢で初めて特定され，世界中に広まった新型コロナウイルスである。そのほか MERS コロナウイルス（MERS-CoV）は，2012 年に中東呼吸器症候群（MERS）の原因として特定され，SARS コロナウイルス（SARS-CoV）は，2002 年に重症急性呼吸器症候群（SARS）の集団発生の原因として特定されている。重度の呼吸器感染症を引き起こすこれらのコロナウイルスは，動物から人間に感染することが知られている。

章末演習問題

以下の各問の正誤を答えよ。

問1　鼻呼吸の方が，口呼吸よりも，きれいで温かく湿った空気を気道や肺に届けることができる。　□正　□誤

問2　気管や気管支の粘膜に付着した異物を排除するために起きるのが「咳」である。　□正　□誤

問3　肺は左肺と右肺に分かれ，左肺はさらに3つ（上葉と中葉と下葉），右肺は2つ（上葉と下葉）に分かれている。　□正　□誤

問4　肺胞の薄い壁を介して，空気中の二酸化炭素は体内に取り入れられ，逆に酸素が排出される。　□正　□誤

問5　肺は自力で膨らんだりしぼんだりする。　□正　□誤

問6　息を吸うときは，横隔膜が下がる。　□正　□誤

問7　気管支喘息では，気道の炎症を抑える吸入ステロイド薬などを使って発作を予防することが重要である。　□正　□誤

問8　喫煙は，肺がんの重要な危険因子であるが，肺気腫とは無縁である。
□正　□誤

問9　気管の入り口にある喉頭蓋の反射は加齢とともに動きが鈍くなるため，高齢者では誤嚥とそれによる肺炎を起こしやすくなる。
□正　□誤

第4章 内分泌・代謝・腎・泌尿器とその病気

4.1節 内分泌系

内分泌系（ホルモン系）は，自律神経とともに心拍，血圧，呼吸，血糖値や内臓の働きなどをコントロールしている。また自律神経と同様，脳の視床下部が一番の中枢となっている。

内分泌物質（ホルモン）には神経伝達物質と同様多くの種類があり，さまざまな臓器から分泌されている（**図4.1**）。ホルモンには以下の4つの特徴がある。

(1) 微量で心身の機能をコントロールする

(2) 各ホルモンは特定の受容体にのみ働く[1]

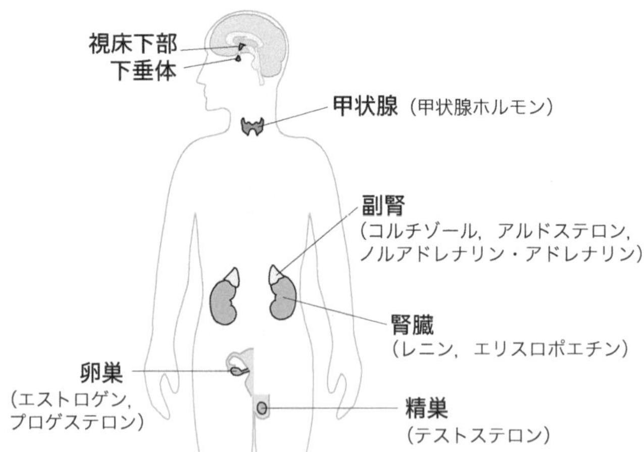

図4.1　主な内分泌器官の場所
（視床下部，下垂体から分泌されるホルモンの名前は，図4.4と4.4節参照）

1　各種ホルモンが，それぞれ特定の受容体にのみ作用するのは，鍵と鍵穴の関係と同じである（p.64コラム参照）。この関係は神経伝達物質と受容体と同じである。またアドレナリンなど多くの物質が，ホルモンとしても神経伝達物質としても働く。

(3) 血液によって体の隅々まで運ばれる

(4) 上記 (3) のため分泌器官から離れていても，対応する受容体のある細胞・器官なら作用する（各ホルモンの受容体をもつ細胞は「標的器官・標的細胞」などとよばれる）

(1)(2) は神経伝達物質と共通した特徴で，(3)(4) はシナプスで接している神経（または筋肉）のみに働く神経伝達物質と異なる点である（**図4.2**）。

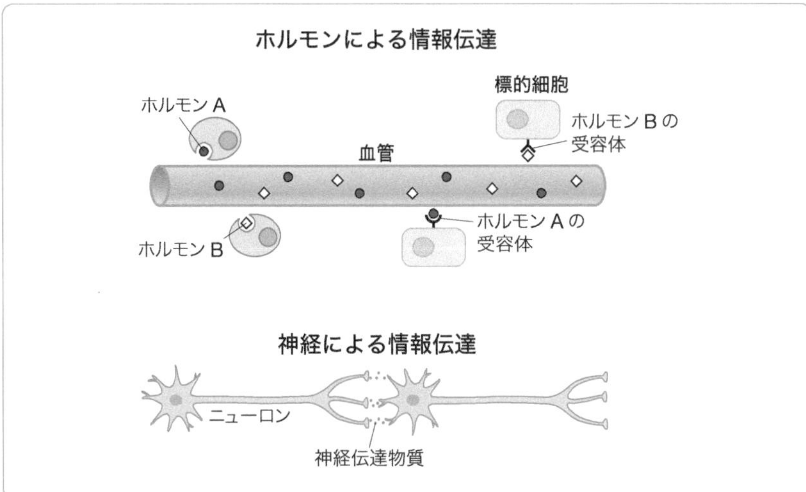

図4.2　ホルモンと神経の情報伝達の違い
ホルモンは血液で全身に運ばれて作用するのに対して，神経伝達は，その神経がつながっている所（別の神経や，筋肉，血管など）のみに作用する。ただしホルモン，神経伝達物質とも，それぞれに対応する受容体のある細胞・組織にのみ作用する点は同じである。

4.2節　化学構造によるホルモンの分類

ホルモンは化学構造から，ペプチドホルモン（ペプチドとはごく短いタンパク質のこと），アミノホルモン（主にアミノ酸の1種のチロシンから作られる），ステロイドホルモン（コレステロールから作られる）の3つに分類できる。**表4.1**にそれぞれの例を示す。

表4.1　ホルモンの分類とそれぞれの例

ペプチドホルモン	成長ホルモン，プロラクチンなど〔下垂体前葉〕 インスリン，グルカゴン〔膵臓〕 オキシトシン，抗利尿ホルモン（バソプレシン）〔下垂体後葉〕
アミノホルモン	アドレナリン，ノルアドレナリン〔副腎髄質〕 甲状腺ホルモン〔下垂体〕
ステロイドホルモン	コルチゾール，アルドステロン〔副腎皮質〕など

*〔　〕は分泌組織を表す。

4.3節　ホルモン間の分泌コントロール

内分泌系では複数のホルモンが互いに分泌をコントロールしあっている。その代表として，視床下部・下垂体系とレニン・アンギオテンシン系について説明する。

A. 視床下部・下垂体系

視床下部・下垂体系には多くのホルモンが含まれるが，いずれも〔視床下部 ⇒ 下垂体前葉 ⇒ 標的内分泌器官 ⇒（標的細胞）〕の3段階で，標的細胞に作用するホルモンの量を制御している[2]。

また上位から下位への制御のほか，下位のホルモンが上位のホルモンの分泌を抑制し（**ネガティブフィードバック**，**図4.3**），下位のホルモンの量が過剰とならないようにしている。視床下部・下垂体系のホルモンを**図4.4**に示す。

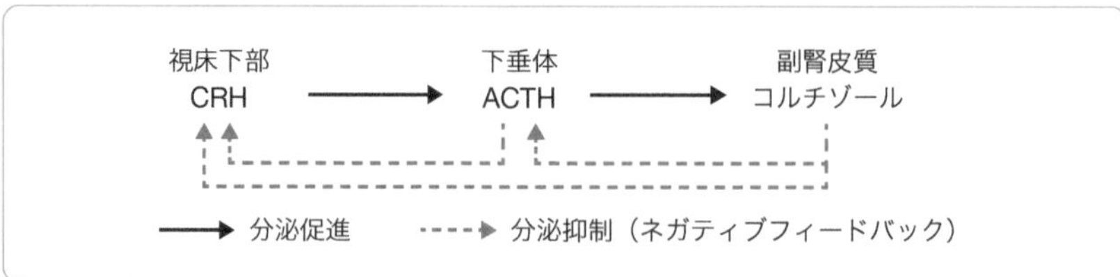

図4.3　下位のホルモンによる上位のホルモンのネガティブフィードバック（コルチゾールを例に）
視床下部・下垂体系のみでなくあらゆるホルモン系でネガティブフィードバックはみられる。
CRH：副腎皮質刺激ホルモン放出ホルモン　ACTH：副腎皮質刺激ホルモン

2　視床下部・下垂体系の多くのホルモンのうち心理職として名前を知っておくべきは，図4.4で略語以外で記したホルモンである。特にコルチゾール，甲状腺ホルモン，プロラクチンは重要で，制御するホルモンとともに知っておくとよい。

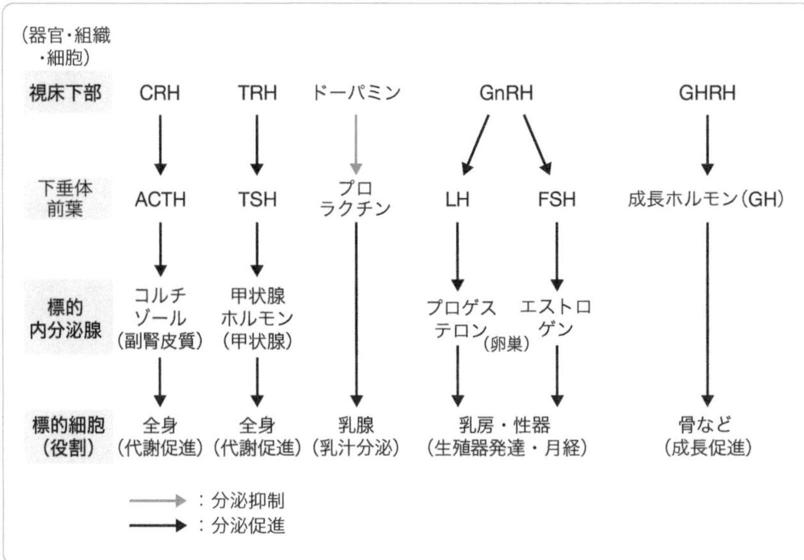

図4.4　視床下部・下垂体系のホルモンとその働き
CRH：副腎皮質刺激ホルモン放出ホルモン，ACTH：副腎皮質刺激ホルモン，TRH：甲状腺刺激ホルモン放出ホルモン，TSH：甲状腺刺激ホルモン，GnRH：ゴナドトロピン放出ホルモン，LH：黄体形成ホルモン，FSH：卵胞刺激ホルモン，GHRH：成長ホルモン放出ホルモン（視床下部のホルモン名の後ろについている「RH」は「放出ホルモン」の略）

B. レニン・アンギオテンシン系（血圧コントロール）

血圧が低下し腎臓に送られる血液量が減ると，腎臓からレニンが血液中に分泌される。レニンは血中のアンギオテンシノーゲンをアンギオテンシン[3]に変える。アンギオテンシンは副腎皮質に作用してアルドステロンの分泌を促す。アルドステロンは腎臓に作用して，ナトリウムの再吸収を促進，これにより血液量を増やして血圧を上げる。なおアンギオテンシンには血管の収縮作用があり，それによっても血圧は上がる（**図4.5**）。

3　**アンギオテンシン**には**活性型**と**非活性型**があり，活性型は酵素（ACE：アンギオテンシン変換酵素）により非活性型が変化して作られる。ACEの働きを阻害する薬剤は，高血圧の治療薬（**降圧剤**）として使われている。

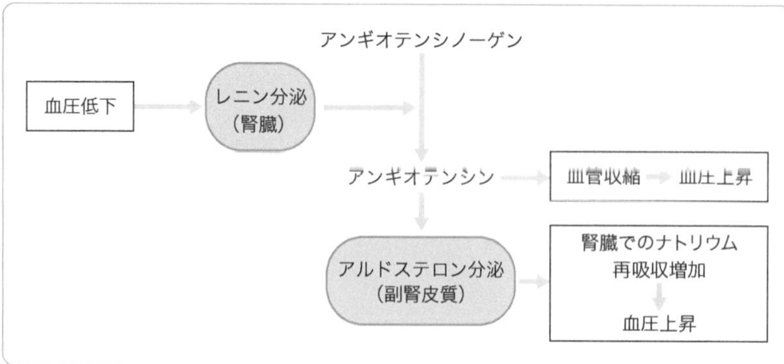

図4.5　レニン・アンギオテンシン系

4.4節　主なホルモン

精神状態や精神疾患の治療と関わりの深い副腎皮質ホルモン（コルチゾール），甲状腺ホルモン，プロラクチン，オキシトシン，メラトニン，成長ホルモンのほか，糖尿病に関わるインスリン，グルカゴン，摂食に関わるレプチン，グレリンと，各ホルモンに関連する病気について説明する。

A. 副腎皮質ホルモン（コルチゾール）

コルチゾールは別名**ストレスホルモン**とよばれ，朝の目覚めやストレスのかかった時などに心身の活動を活発化させる。具体的には血糖値上昇（主に肝臓でのグリコーゲンの分解による），血圧上昇，免疫機能の抑制，精神面ではイライラ（易刺激性）の増大，覚醒亢進，睡眠欲求低下の働きがある。

コルチゾールの分泌亢進（クッシング症候群）

クッシング症候群はコルチゾールの分泌亢進で起こり，中年女性で好発する病気である。

クッシング症候群では，コルチゾールの働きが持続的に高まるため，1）筋肉は分解されて細くなり，2）体脂肪の分布が異常となって体幹や顔面に蓄積し（**中心性肥満**と**満月様顔貌**），3）高血糖の持続による**糖尿病**，4）**高血圧**が起こりやすい。易刺激性が高まり精神的に不安定で，不眠も起こりやすい。

Column ステロイド剤

コルチゾールには免疫・炎症反応を抑える作用がある。コルチゾール類似の化学構造をもつステロイド剤は抗炎症剤としてアレルギーや自己免疫疾患などで用いられるが，クッシング症候群と同じ症状も出現しやすい。

B. 甲状腺ホルモン

甲状腺ホルモンの役割は自動車でいえば「アクセル」で，脳を含む全身の活動を活発化し，それに必要な**血糖値**，**熱産生**，**心拍**，**血圧**をそれぞれ上昇させる作用がある（コルチゾールや**交感神経**の働きと似ている）。子どもでは，成長・発育にも不可欠である。

甲状腺ホルモンの機能異常

i）バセドウ病（甲状腺機能亢進症）

甲状腺刺激ホルモン（TSH）の受容体が自己免疫抗体で刺激され，**甲状腺ホルモンが過剰に分泌**されて起こる。**自己免疫疾患**で**20～40代の女性**に多い。精神症状として**精神的高揚**，**イライラ**，身体症状として**体重低下**（全身のエネルギー消費増加のため），食欲上昇，**脈拍上昇**，血圧上昇，**発汗増大**，**手の震え**などがみられる。**眼球突出**が起きることもある。

血液検査で甲状腺ホルモン上昇（FT4上昇），TSH低下がみられる。抗甲状腺薬の投与を行うが，それができない場合は甲状腺の摘出手術を行うこともある。

ii）甲状腺機能低下症

甲状腺機能亢進症と反対の症状（活動低下，動作緩慢，傾眠，寒がり，発汗減少，脈拍低下など）が起こる。多くは自己免疫疾患である慢性甲状腺炎（**橋本病**）による。中年女性に多く，潜在性のものを含めると成人女性の1割以上にみられる。

Column クレチン病のスクリーニング

クレチン病は甲状腺ホルモンの不足による小児の発育不全で，知能低下などが起こる。日本ではすべての新生児で出生直後，ろ紙に沁み込ませた微量の血液でスクリーニングが行われている。甲状腺ホルモンの不足が明らかになれば，甲状腺ホルモン投与が始められる。

C. プロラクチン

下垂体前葉ホルモンの1つであり，乳房の発達と乳汁分泌を促す。通常は，視床下部から分泌されるドーパミンにより，分泌が抑制されている（図4.4）。

高プロラクチン血症

乳汁分泌と月経不順・無月経が起こる（乳汁分泌は男性でも起きる）。下垂体腫瘍でも起こるが，ドーパミン受容体をブロックする薬剤（**抗精神病薬**，吐き気止め，抗うつ作用のある薬の一部など）の使用でしばしばみられる。これは，プロラクチン分泌を抑えているドーパミンの働きが抑制され，プロラクチン分泌が過剰となるためである。

D. オキシトシン

視床下部で作られ**下垂体の後葉**から分泌される。分娩時の**子宮収縮**，授乳時の**乳腺収縮**作用のほか，**愛着・信頼感**（部外者には警戒感）を高める。これらは子育て・授乳時に動物の親が，子と外敵（捕食者など）に抱く心理状態と共通している。**自閉スペクトラム症**での対人接触改善に向けた使用可能性も検討されている。

E. メラトニン

夕方暗くなってくると脳の松果体から分泌されるホルモンで，脳を含む全身の細胞に夜の眠りに入る態勢をとらせる。夜強い光が目に入ると分泌が妨げられ，不眠や睡眠リズムの乱れにつながる。合成されたメラトニンは**睡眠覚醒リズム障害の治療薬**として投与されることもある（第13章も参照）。

F. 成長ホルモン

タンパク質合成，**骨の成長**を促進する。夜間睡眠の前半の**深睡眠**の時に最も多く分泌される。成長ホルモンの分泌異常による疾患を2つ紹介する。

i）先端巨大症・下垂体性巨人症

下垂体の腫瘍が成長ホルモンを過剰に分泌するために起こる。高身長に加え，手足の巨大化，下顎の突出などの顔貌の変化がみられる。外科手術で下垂体腫瘍を摘出する。

ii）成長ホルモン分泌不全

低身長となる。成長ホルモンの補充で治療する。

G. インスリン

膵臓で作られるホルモンで，血液中から体の細胞への血糖（ブドウ糖）の取り込み・利用と，肝臓でのグリコーゲンの合成により**血糖値を低下**させる。**糖尿病**ではインスリンの分泌や働きが変化する（p.47参照）。

H. グルカゴン

やはり膵臓で作られ，インスリンと反対に血糖値を上昇させる。

食欲を制御するホルモン

I. レプチン

脂肪細胞から分泌される。**食欲を抑制**し，エネルギー消費増加により**体脂肪を減少**させる。

J. グレリン

胃（胃底腺）で分泌され，**食欲を上げる**。

4.5節 代謝

代謝とは「体内への物質の取り入れと排出」のことである。糖分などのエネルギー源の場合には**摂取と消費により**，電解質（イオン）の場合には食べ物・飲み物からの**摂取**と腎臓などからの**排出**により，バランスが保たれている。ここでは電解質の中でも代表的なナトリウム，カリウム，カルシウムの代謝について説明する。

A. ナトリウム（Na^{+}）の代謝

ナトリウム（Na^{+}）は血液や体液に最も多く含まれる陽イオンである[4]。ナトリウムの過剰摂取（主に食塩による）や腎臓での再吸収増加は血圧上昇につながる（p.46参照）。反対に，発汗等によるナトリウムの大量消失，水の過剰摂取や抗利尿ホルモン（下垂体後葉ホルモンのバソプレシン）の過剰分泌が続くと，低ナトリウム血症となり，ひどい時には錯乱を含む意識障害が起こることがある。副腎皮質ホルモンの1つであるアルドステロンは腎臓でのナトリウム再吸収を増やす。

B. カリウム（K^{+}）の代謝

動物でも植物でも，細胞内に最も多い陽イオンはカリウム（K^{+}）である。アルドステロン（図4.5）は腎臓でのナトリウム再吸収を促進するが，カリウムに対しては排出を促進する。

Column 野菜によるカリウム摂取と高血圧改善

理由は十分にわかっていないが，野菜や果物を多く食べてカリウムの摂取を増やすと，高血圧の改善がみられる。ただし血液中のカリウム濃度が高すぎると心停止が起こるので，腎炎や糖尿病腎症などで腎臓のカリウム排出機能が低下している人では，カリウム摂取を抑えるために野菜や果物の摂取量を控える必要がある。

C. カルシウム（Ca）の代謝

カルシウム（Ca）は骨の形成のほか，全身の細胞の機能の調整に関与している。カルシウムの代謝には，食物からのカルシウム摂取（乳製品，豆類，海藻類，小魚など）とビタミンDが関与している。またホルモンとしては，カルシトニン（甲状腺の一部から分泌）と副甲状腺ホルモン（パラトルモン）が，〔骨の形成 ⇔ 破壊〕，〔血中Ca^{2+}濃度の低下 ⇔ 上昇〕と，互いに反する働きを促進している。

4　陰イオンで多いのは血液などの体液では塩素イオン（Cl^{-}），細胞内ではリン酸イオン（HPO_4^{2-}）である。Cl^{-}はナトリウムと合わさって塩化ナトリウムNaCl（＝食塩）となる。

4.6節　腎臓と泌尿器の構造・働きと病気

A. 腎臓

腎臓は左右の腰の高さの背中側にある，径10 cm程度のソラマメ形の臓器である。主な役割は，老廃物（特に窒素を含む老廃物）の体外への排出で（**コラム**），同時に体内の水分量や電解質バランスの調整も行う。また，赤血球の産生に必要なホルモン（**エリスロポエチン**）や血圧上昇のための酵素（**レニン**，図4.5参照）も作っている。腎不全ではエリスロポエチンの不足から貧血になる。

Column　汗による排泄

腎臓以外では，汗が老廃物の排泄を担っている。火傷や入れ墨などで汗腺が失われると，汗による老廃物の排泄が低下し，腎臓の機能が低下した時に老廃物が体内に蓄積しやすくなる。

i）糸球体での血液の濾過

腎臓では糸球体で血液をろ過し，老廃物（尿素など）を排出する。糸球体は細い血管の集まりで，血管を毛糸に見立てると，毛糸玉を袋で包んだような構造になっている。血管からは老廃物を含んだ水分が濾過されて袋の中に排出され，それが集まって尿となる。

ii）尿の濃縮：水と電解質の再吸収

糸球体で血液から濾過されたばかりの尿（原尿）は，非常に薄く，老廃物だけでなく，体に必要な物質（水分，Na^+やCl^-，HCO_3^-などの電解質，血糖（ブドウ糖），アミノ酸，タンパク質など）も大量に含んでいる。そのまま排出してしまうと，体に必要な物質がたちまち失われてしまうので，糸球体の先の**尿細管（ヘンレループ）**で必要な物質の大部分は再吸収され，血液中に戻される。

B. 腎臓の病気

i）溶連菌感染後急性糸球体腎炎

A型β溶連菌感染（風邪症状が主）の10日から2週後に，浮腫，高血圧，尿量の極端な減少（乏尿）を主症状に起こる。10歳以下の男児で起こりやすく，予後は良好。抗生物質のペニシリンが有効。

ii）IgA腎症

糸球体腎炎の1つ。無症状のまま，健康診断で血尿やタンパク尿で気づかれることが多い。風邪の時に血尿が出て気づかれることもある。血液検査で血清IgAの増加がみられる。大部分の人は無症状だが，ゆっくり進行し，20年後には4割の人が末期腎不全となる。**腎透析**患者では糖尿病腎症とともに多くみられる。

iii）急性腎盂腎炎

細菌感染による腎臓の出口部分（腎盂）の炎症。女性に多い。

他の病気に合併して起こる腎臓の障害

i）糖尿病腎症

5章「糖尿病の合併症」の項参照。

ii）ループス腎炎

全身性エリテマトーデス（SLE，p.56参照）に伴う腎障害（糸球体障害）をループス腎炎とよぶ。SLEは**若い女性**に発症しやすい**自己免疫疾患**で，全身どこにでも炎症が起こるが，**腎臓**の炎症（ループス腎炎）は8割と高率に起こり，かつ生命予後を左右する。なおSLEでは，脳にも炎症が起こりうることと，**ステロイド**を治療に用いることから，精神症状も出やすい。

Column 腎臓での濾過障害

腎臓の病気で糸球体が悪くなると，本来なら濾過されないタンパク質が尿中に排出されたり（**タンパク尿**），**再吸収**がうまくいかず，糖が尿中に排出されたり（**尿糖**），ナトリウム（Na^+）などの電解質が余分に排出されることがある。また濾過機能が低下して，老廃物や余分な水分の排出ができなくなることもあり，これが進んで**腎不全**（後述）になると，**腎透析**が必要となる。他の治療法として**腎移植**もあるが，わが国では腎透析の方が一般的である。

腎不全の状態では，野菜や果物など，カリウムを多く含む食品の摂取は制限が必要となる。腎臓からのカリウム排出ができないため，高カリウム血症となり，心停止のリスクが上がるためである。

低ナトリウム血症，水中毒と脳浮腫

水分摂取の過剰や，ナトリウム排出の過剰が続くと，体液のNa^+濃度が異常低下し（**低ナトリウム血症**），**脳浮腫**による頭痛，吐き気，意識障害などが起こる。低ナトリウム血症は，慢性の飲水過剰でも（⇒ **水中毒**，精神科病院の患者さんでは頻度が高い），夏に発汗で多量のナトリウムが失われた時に塩分を補給せず水だけ飲み続けても起こる。

C. 膀胱

腎臓で作られ続けている尿を貯めておき，満杯になったら排尿するための臓器である。膀胱があるので，一日中持続的に排尿し続けずに済んでいる。

腎臓から膀胱までは細長い管（**尿管**）でつながっている。膀胱から先（**尿道**）は，男性は**陰茎**につながっているぶん，女性より長い[5]。

膀胱と尿路の病気

i）過活動膀胱

頻繁に強い尿意を覚え，頻尿や切迫性尿失禁（強烈な尿意に，トイレが間に合わず漏らしてしまう）がみられる。日本人では40歳以上の人の1割以上にみられ，高齢になるほど多い。行動療法や神経系の薬物療法が行われる。

ii）尿路結石

尿の成分が結晶化し，尿管にひっかかって起こる。中年以後の男性に多い。背中（腰）の激痛が起こることもある。

5　膀胱炎と腎盂腎炎：女性は尿道が短いため，大腸菌等の細菌感染による膀胱炎が男性より起きやすい。膀胱炎よりはずっと稀だが，同じ理由で腎臓の出口部分（腎盂）の炎症も女性で起きやすい。

章末演習問題

以下の各問の正誤を答えよ。

問1　暑さなどで大量に発汗したあと，塩分をとらず水分のみ補給していると意識障害を起こすことがある。　□正　□誤

問2　女性より男性の方が膀胱炎を起こしやすい。　□正　□誤

問3　ステロイド剤の持続使用で不眠や精神的不安定が起きることがある。　□正　□誤

問4　甲状腺機能低下症では，精神的高揚・興奮，心拍数の増加，発汗の増加が起きやすい。　□正　□誤

問5　吐き気止めや抗精神病薬でドーパミン受容体がブロックされると，プロラクチン分泌が増え，乳汁分泌や無月経が起こりやすくなる。　□正　□誤

問6　腎臓の糸球体では大量の水分が電解質やブドウ糖などとともに濾過されるため，尿細管（ヘンレループ）で水分とそれらの物質が再吸収される。　□正　□誤

問7　オキシトシンは下垂体後葉から放出され，分娩時の子宮収縮，授乳時の乳腺の収縮を促す。近年は精神的作用にも注目が集まっている。　□正　□誤

問8　成長ホルモンは朝の起床時に分泌が急激に増える。　□正　□誤

問9　腎不全の人では野菜の摂取制限が必要である。　□正　□誤

問10　甲状腺ホルモンを薬剤として投与していると，甲状腺刺激ホルモン（TSH）の血中濃度は下がる。　□正　□誤

第5章 高血圧・肥満・糖尿病

5.1節 高血圧

収縮期血圧[1]が140 mmHg以上または拡張期血圧90 mmHg以上の場合を高血圧とよぶ。日本の高血圧有病者数は2017年には4300万人と試算されている。また，60歳以上での有病率は60％以上と推計されている。

高血圧には通常，自覚症状はないが，長年続くと**動脈硬化**が進み，**脳出血**や**脳梗塞**，**心筋梗塞**，慢性の**腎臓病**，高血圧性**網膜症**，また死亡リスクの上昇へとつながる。

治療には降圧薬も用いるが，最も重要なことは，食塩（ナトリウムNa）摂取の制限，適正体重と運動習慣の維持，節酒，禁煙，食習慣の改善・維持（コレステロールや飽和脂肪酸の摂取制限など）など，生活習慣の改善・維持である。このため心理教育が治療と予防に果たす役割は大きい。

血圧の調整

血圧は，i）血管の太さや弾力性，ii）血管内の血液の量，iii）血液を押し出す力によって変化する。これはゴムホースに水を流す場合を考えればわかりやすい。細くて硬いホース（血管）に目一杯水を流そうとすれば，ホースにかかる水圧（血圧）も上がる。

血圧は低すぎると体への血液供給が不十分となり，意識消失や脳梗塞，心筋梗塞などが起きやすくなる。

一方，高すぎるのも問題で，慢性に血圧の高い状態が続くのが**高血圧**である。高血圧では血管の弾力性が失われて（**動脈硬化**），血液の供給が悪くなったり血管が破れやすくなって，**心筋梗塞**や**脳梗塞**，**脳出血**につながる。

1　心臓が収縮し血液を動脈に押し出した時の血圧（高い方の血圧）を**収縮期血圧**，心臓が拡張して血液が静脈から心臓に戻った時の血圧（低い方の血圧）を**拡張期血圧**とよぶ。

i）血管の太さや弾力性による血圧変化

①急な変化：**精神的緊張**が高まるとただちに血圧は上がる。**交感神経**の働きで血管の平滑筋が収縮し，血管が細くなるためである。恐怖や怒り，痛み，不安などで起こる。病院で血圧を測ると血圧が上がる人がいるのもこれが影響している。

②慢性の変化：血管内にコレステロールなどの沈着が進むと，1）血管が細くなり，2）血管の弾力も失われて，高血圧が進む。**肥満**や**高脂血症**（**中性脂肪**や**コレステロール**の慢性高値。下記参照）で起こりやすい。

高脂血症（脂質異常症）

血液中の脂質（コレステロールや中性脂肪[2]）の高い状態が続くこと。症状がほとんどないまま動脈硬化が徐々に進行し，心筋梗塞や脳梗塞などのリスクを高める。原因はさまざまで，遺伝要因による家族性の高脂血症もあるが，生活習慣（食事の問題，運動不足）によるものも多い。

本来，コレステロールは生体膜の構成成分として，またステロイドホルモンや胆汁の原料として体になくてはならないもので，肝臓で合成される。そのままでは水に溶けない物質だが，血液中ではタンパク質と結合して溶けている（**リポタンパク**）。リポタンパクには，①コレステロールを肝臓から末梢細胞に運び，その過程で血管へのコレステロール沈着（動脈硬化）が進みやすくなる**LDL**と，②末梢から肝臓にコレステロールを戻し，動脈硬化を抑える**HDL**がある。

ii）血液量の変化による血圧変化

血液中のNaが増えると，その分，Naが水を吸収して血管内の血液の量が増し（食塩NaClが水を吸収するのと同じ理屈），血圧が上がる。したがって，食事等で摂取する**塩分（Na）**が多ければ高血圧になりやすい。摂取する塩分を減らすことが，高血圧の予防・治療に重要である。

内分泌系としては，**レニン**（腎臓）—**アンギオテンシン**（血液内）—**アルドステロン**（副腎皮質）系が，腎臓でのNa再吸収を増やして，血圧を上げる。高血圧の薬（**降圧薬**）の一部は，アンギオテンシンの働きを妨害（非活

2　中性脂肪は体のエネルギー源として重要だが，過剰にあると（高中性脂肪血症），動脈硬化を進行させてしまう。

性型から活性型への変換阻害）することで血圧を下げている（図4.5参照）。

iii）心臓での拍出量による変化

心臓からの血液の拍出量が増えれば，血圧も上がる。精神的緊張などで交感神経系の活動が一時的に上がった時にも起きるが，**甲状腺機能亢進症**など心拍を含め心身全体の活動が亢進する病気では，持続的な血圧上昇（**高血圧**）が起こる（特に収縮期血圧（p.45，注1）の上昇）。

Column バソプレシンによる水分量調節と夜尿

脱水などで血液中の水分が減って血液が濃くなると，**下垂体後葉**から**バソプレシン**（**抗利尿ホルモン**（**ADH**）ともよばれる）が分泌され，腎臓からの水の排出量が減少し，血液中の水分が増加（回復）する。

なお，夜間睡眠中はバソプレシンの分泌は増加し，作られる尿量が減少する。子どもの**夜尿**ではこれが不十分と考えられ，バソプレシンが治療薬として使われる。

Column 水中毒

水は多めに摂取しても尿として排出されるので，塩分（Na）の過剰摂取のように高血圧にはつながらない。ただし腎臓の排出力を超える多量の水を慢性に摂取し続けると，血液や体液の濃度が下がり，脳浮腫などが起こる（**水中毒**とよぶ）。水の過剰摂取には心理的要因や抗精神病薬が影響するので，精神科患者ではみられやすい。

5.2節 糖尿病

A. 糖尿病とは

糖尿病とは，血糖値（血液中のブドウ糖濃度）の高い状態（**高血糖**）が続き，体中の血管が障害される病気である。放置しておくと**網膜**，**腎臓**，**神経系**（いづれも血管が豊富な臓器）の障害，動脈硬化による**心筋梗塞**や**脳梗塞**，神経障害による**足の壊疽**など，さまざまな合併症が起こる。

B. 糖尿病の原因・分類

糖尿病は膵臓での**インスリン分泌の不足**や，全身の細胞での**インスリンの**

作用低下（血糖の細胞内への取り込みの障害：**インスリン抵抗性**とよばれる）によって，高血糖が続く病気であり，**1型**と**2型**に分けられる（**図5.1**）。

i）分類

1型糖尿病：ウイルス感染などが引き金となって急速に進行する。小児～青年期の発症が多い。1型糖尿病では，膵臓の***β*細胞**が死滅し，インスリンの分泌が消失する。日本では糖尿病全体の5%程度と少ないが，インスリン注射を1日も欠かせず続けないと，すぐに生命にかかわる。このため心理的負担の大きい生活が長年にわたり続く。

2型糖尿病：カロリーの過剰摂取，運動不足，ストレスなどの生活要因により高血糖が慢性に続き，全身の**インスリン抵抗性**が進んで起こる。*β*細胞の酷使が続くのでインスリン分泌も障害されていく。10～20年かけてゆっくり進行するため気づきにくい。遺伝的に**インスリン分泌量**の元々少ない人では特に起こりやすい。日本人は欧米人に比べてインスリン分泌量が少なく，糖尿病にかかりやすい（わずかな肥満が糖尿病につながるなど）。

1型糖尿病

・小児 - 青年期の発症が多い。
・感染などが引き金となって急速に進行
・膵臓の*β*細胞が失われ，インスリンの分泌が消失
⇒インスリン注射が毎日必要；やめれば命にかかわる
・日本では糖尿病全体の5% 程度

2型糖尿病

・カロリーの過剰摂取，運動不足が主要因；ストレスも影響
・全身のインスリン分泌障害とインスリン抵抗性が進んで起こる
・10~20 年かけてゆっくり進行するため気づきにくい
・食事療法と運動療法を行う

図5.1　1型糖尿病と2型糖尿病の違い

ii）検査

血糖値[3]や**HbA1C**[4]の測定，**尿糖**の検査が行われる。毎日のコントロールが大切なため，家庭等で血糖値の自己測定を行うこともある。

iii）合併症

糖尿病は血管の豊富な臓器・組織に深刻な合併症をもたらす。

糖尿病網膜症：高血糖により網膜の血管が障害され，**網膜出血**や**網膜剥離**が起こる。**レーザー治療**や手術が行われるが，進行すれば**失明**する。

糖尿病腎症：糸球体を作る血管の障害で，腎臓の機能が低下して起こる。尿検査で**タンパク尿**（＋）となる。ある段階まで進むと腎機能が急速に低下し（**腎不全**），**透析**療法が必要となる。透析は通常週3回，1回半日近くかかるので，日常生活に大きく影響する。

神経障害：高血糖が続くと，代謝と血管の障害で，主に**感覚障害**（足の病変など）と**自律神経障害**（**起立性低血圧**，排尿・排便障害，**勃起障害**，発汗異常などにつながる）が起こる。糖尿病では免疫機能も低下するため，足の病変では**潰瘍**や**壊疽**が起きやすく，進行すると**下肢の切除**が必要となる。

動脈硬化による合併症：**心筋梗塞**や**脳梗塞**などが起こりやすくなる。

iv）糖尿病による昏睡

昏睡とは意識のない状態が続くことである。糖尿病では，高血糖による昏睡と，低血糖による昏睡の両方が起こりうる。

v）治療

1型ではすぐに生命にかかわるため，**インスリン投与**（注射）が必須である。

2型では，**生活習慣改善**のための**食事療法**と**運動療法**が重要である。食事療法はカロリーの制限が中心で，運動療法は食後の高血糖の防止と，筋肉量増加による基礎代謝（普段からのエネルギー消費量）の上昇のため，**有酸素運動**を中心に，筋肉をつけるための**レジスタンス運動**（**無酸素運動**）を組み合わせて行う。それらで血糖値のコントロールが不良なら，**経口血糖降下薬**

3　**空腹時**および**随時**，75g経口ブドウ糖負荷試験（OGTT）など。

4　ヘモグロビン・エー・ワン・シーとよぶ。糖化ヘモグロビンの略で，約2ヶ月間の平均血糖コントロールを反映する。6.0前後が境界値。

の服薬，それでも不十分ならインスリン投与を行う。

Column　メタボリックシンドローム

いわゆる「メタボ」のこと。肥満により**脂質異常症**，**糖尿病**，**高血圧**が起こり，それらが**動脈硬化**を引き起こす。喫煙が加われば動脈硬化はさらに進む。なお皮下にじっとしている**皮下脂肪**よりも，分解されて血液中をめぐって肝臓に運ばれ脂質異常，糖尿病に影響しやすい**内臓脂肪**の方が動脈硬化を起こしやすい。

章末演習問題

以下の各問の正誤を答えよ。

問1　運動の中でも筋肉トレーニングは2型糖尿病の治療には無効である。
□正　□誤

問2　1型糖尿病でも治療は生活習慣改善からはじめる。　□正　□誤

問3　高脂血症，糖尿病，高血圧が重なると，動脈硬化のリスクは最大限となるので，喫煙の影響はあまりなくなる。　□正　□誤

問4　コレステロールは動脈硬化の原因となるので，血中濃度は極力ゼロに近づけることが健康上望ましい。　□正　□誤

問5　糖尿病では合併症として腎臓，網膜，神経の障害のほか，足の障害が起こりやすく，下肢の切断が必要となる場合もある。
□正　□誤

問6　動脈硬化，肥満，塩分過剰摂取はいずれも高血圧の原因となる。
□正　□誤

問7　高血圧は脳出血の原因となるが，脳梗塞や心筋梗塞，腎障害とは無関係である。　□正　□誤

問8　高血圧はさまざまな病気の原因となるので，血圧は低いほどよい。
□正　□誤

第6章 血液・リンパ・免疫系とその病気

6.1節 血液とは

私たちの体重のおよそ8%は血液で占められている。体重50 kgの人ではおよそ4 Lの血液が全身の血管の中を循環している。血液は，酸素や栄養素など全身の細胞に必要なものを運び届けたり，細胞から排出される二酸化炭素や老廃物を回収したり，いわば体内の“流通網”の役割を果たしている。また，ケガなどで出血した際には止血する役割をもち，さらには，からだの中に侵入してきた細菌やウイルスなどの異物を免疫作用によって除去する働きをもつ。

6.2節 血液の成分とその役割

血液の成分は，血球（約45%）と血漿（約55%）の2つに分けられる。血球は，赤血球，白血球，血小板から構成される（**表6.1**）。赤血球は酸素などを運ぶ役割，血小板は止血する役割，白血球は細菌やウイルスの侵入か

表6.1　血球の成分

血　球		血液1 mL中の数	機　能
赤血球		男性：500万個 女性：450万個	ヘモグロビンにより酸素を体中の細胞に届ける
白血球		約5000～9000	異物の処理，免疫など
顆粒球	好中球 	白血球の50～60%	細菌処理
	好酸球 	白血球の2%程度	寄生虫への防御 喘息等にも関連する
	好塩基球 	白血球の1%程度	アレルギー（アナフィラキシー等）
無顆粒球	リンパ球 	白血球の30～40%	免疫反応
	単球 	白血球の5%程度	異物の処理
血小板	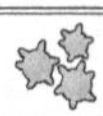	20万～25万	止血（血栓の形成）

らからだを守る免疫の役割をそれぞれ担っている。一方，液体成分である血漿の大部分は水であるが，栄養素や酵素，ホルモン，イオンなども含まれ，それらを全身の細胞に運び届ける役割を担っている。また，血漿は細胞の代謝によって生じた老廃物や二酸化炭素などを回収する働きももつ。

A. 赤血球

赤血球は，呼吸によって肺から取り入れられた酸素を全身にくまなく運ぶ役割を担っている。血液1 mm^3あたり，成人男性では約500万個，成人女性では約450万個の赤血球が存在する。赤血球は，中央がくぼんだ円盤状の形をしている。この形状のおかげで赤血球の表面積は広くなり，酸素などのやりとりを効率よく行うことができる。

赤血球の内側には，**ヘモグロビン**（血色素）が充満している。このヘモグロビンが酸素の運搬の働きを担っている。ヘモグロビンには，肺など酸素分圧が高いところ（酸素が多いところ）では酸素と結合し，逆に末梢の組織など酸素分圧が低いところ（酸素が少ないところ）では酸素を切り離す性質がある。ヘモグロビンから切り離された酸素は，末梢の細胞に取り込まれ利用される。また，赤血球には，末梢の細胞から排出される二酸化炭素を肺へと輸送し排出する役割もある。

赤血球は骨髄で作られた後，約120日間血管内を循環し，最後は脾臓で分解されその寿命を終える。

B. 血小板

血小板は，血管が損傷された際に，その損傷部位に密着して止血する役割を担っている。血液1 mm^3あたり，20万～25万個の血小板が存在する。ケガなどによって血管が損傷されると，まず血管自体が収縮して出血を減らそうとするが，それだけでは止血はできない。そこで出血した際に血管外に出た血小板が凝縮塊（血小板血栓）を作り，それが“フタ”となって応急的に損傷部を塞ごうとする。さらに，血小板などから放出される血液凝固因子によって，血液中にフィブリンという線維状の物質が形成され，それに血球がまとわりついて血液の凝固塊ができる。この凝固塊によって傷口が塞がれ，止血が完了する。

C. 白血球

白血球は，細菌やウイルスといった異物からからだを防御する役割を担っている。血液1 mm^3あたり約4000～9000個の白血球が存在する。白血球は，顆粒球と無顆粒球とに分類される。顆粒球の内側には，殺菌作用のある成分を含んだ「顆粒」が多数存在する。顆粒球は，骨髄で作られた後，血液の中を循環して細菌などの異物を食べたり（食作用），破壊したりする役割を担う。顆粒球には，好中球・好酸球・好塩基球の3種類がある。

好中球（白血球の50～60%を占める）は，主に細菌の処理などを担っている。**好酸球**（白血球の2～3%を占める）は，寄生虫に対する生体防御と，気管支喘息やアレルギー性鼻炎などに関与する。**好塩基球**（白血球の1%程度を占める）は，アレルギー反応に関与している。一方，顆粒を含まない無顆粒球には，単球とリンパ球の2種類がある。**単球**（白血球の5%程度を占める）は，肺や肝臓など体の組織に達すると大型化して大食細胞となり，異物を細胞の中に取り込んで破壊する。一方，**リンパ球**（白血球の30～40%を占める）は，B細胞（Bリンパ球），T細胞（Tリンパ球），NK（ナチュラルキラー）細胞などに分類され，免疫反応を担う。B細胞は，細菌やウイルスなどの病原体がからだに侵入してくるとそれを除去するための**抗体**を作る。T細胞は，自らが直接働いてからだを守るとともに，一度侵入してきた病原体を記憶し，それに基づいてすばやく対応する働きをもっている。NK細胞は腫瘍細胞や一部のウイルスに感染した細胞を攻撃する。

D. 血漿

血液成分の55%を占める液体成分であり，そのほとんど（90%）が水であり，残り（10%）はタンパク質（アルブミン，グロブリン，フィブリノーゲンなど）や電解質（ナトリウムなど），糖質，脂質などからなる。栄養分や二酸化炭素は，血漿に溶けて運ばれる。血漿に含まれるタンパク質のうちフィブリノーゲンは，血液を凝固させる働きをもつ。

6.3節 免疫システムを担うリンパ系器官

私たちのからだには，外敵から自らを防衛して容易に病気にかからないための巧妙な仕組み，すなわち免疫システムが備わっている。この免疫システムによって，外から侵入してきた細菌やウイルスを，もともとは自分のからだには存在しない“よそ者”だと認識して，攻撃・除去する。こうした免疫システムに関与する器官は，リンパ系器官としてまとめられ，白血球に含まれるリンパ球のほか，それらの成熟に関わる骨髄や胸腺，異物と戦う場（免疫反応の場）としてのリンパ節，脾臓，扁桃などから構成される。

リンパ球はこの免疫システムにおいて中心的な役割を果たしている。リンパ球は，血液成分の一部として血管の中を流れているだけでなく，リンパ液の中にあって，全身に分布するリンパ管の中にも流れている（**図6.1**）。リンパ管の各所には，約800個のリンパ節が存在する。リンパ節は，リンパ液中に含まれる細菌や老廃物などをろ過する働きを担っている。リンパ球は，**骨髄**で作られた後，**リンパ節**や**胸腺**，**脾臓**などのリンパ系組織へと移動し，そこで成熟する。成熟したリンパ球は，リンパ組織を離れ，全身を循環する血液によって末梢組織に到達する。そこでリンパ球の一部はリンパ管に入る。リンパ管は，次第に集まって太いリンパ管（胸管）になり，首のつけ根で静脈に流れ込む（**図6.2**）。

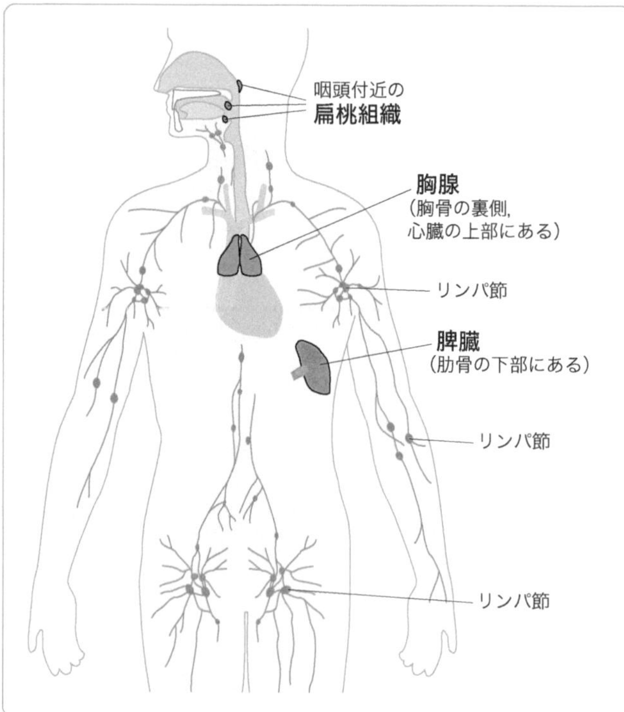

図6.1　全身のリンパ系器官

Column 免疫以外でのリンパ系の役割

リンパ系のもう一つの役割は，血管から外にしみ出た水分の回収である。太い血管は周りを筋肉の層などで囲まれて丈夫に出来ていて血液成分が血管外に漏れることはないが，毛細血管は内皮細胞の薄い層のみでできているため，血液中の水分（水とイオン）が血管外にしみ出てしまう。しみ出た水分のうち血液に再吸収されなかった分は，リンパ液として回収され静脈から血液内に戻る。もし何らかの原因でリンパ管が詰まってしまうと，血液内に戻れない水分が溜まり続け組織の腫脹が起こる（寄生虫感染による象皮病，陰嚢水腫など）。

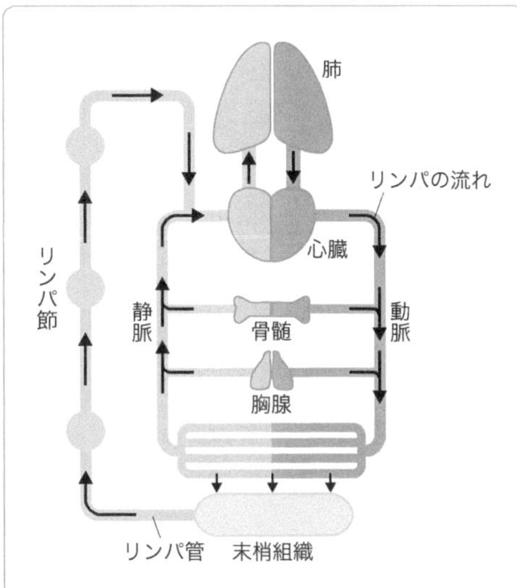

図6.2　血液循環とリンパ系

6.4節　血液・リンパ系の疾患

A. 免疫系の疾患

i）アレルギー

アレルギーとは，食物やダニの死骸，花粉や環境物質など通常は無害な物質に対して過剰な免疫反応（アレルギー反応）が起き，鼻づまりや鼻水，じんましん，かゆみなどの症状が起きることを指す。

スギやヒノキなどの花粉をアレルゲン（アレルギーを引き起こす物質）と

認識し，免疫システムが過剰に反応してしまう**花粉症**もアレルギーの一種である。花粉症になると，からだの中で花粉成分にくっつくIgE抗体というタンパク質が大量に作られる。このIgE抗体が，肥満細胞（免疫系細胞の一種）に作用してヒスタミンなどの化学物質を分泌させ，それによって鼻水がでたり，目がかゆくなったりといったアレルギー症状が生じる。

気管支喘息や**アトピー性皮膚炎**も同じメカニズムで引き起こされる。ダニの死骸やハウスダストなどのアレルゲンを吸い込むと気道でアレルギー反応が起きる。それによって気管支の筋肉が収縮したり，粘液が分泌されたりしてさらに気管が狭くなり，呼吸が苦しくなる。アトピー性皮膚炎でもハウスダストなどのアレルゲンが皮膚にふれることでアレルギー反応が起き，ヒスタミンがかゆみを引き起こす。気管支喘息やアトピー性皮膚炎では，気管粘膜や皮膚が常に傷ついているため，アレルゲンが体内に入りやすく，結果的にアレルギー反応が続く，という悪循環が生じやすい。

ii）自己免疫疾患と膠原病

免疫系は通常，細菌やウイルスなど，自分の体の成分以外の異物を認識・攻撃し，病原体などの体への侵入を防いでいる。自己免疫疾患では免疫系のこの機能が混乱し，自分の体の成分・組織が免疫系により攻撃・破壊される。全身の**結合組織**が攻撃される**膠原病**（p.87参照）はその代表で，**関節リウマチ**（p.134参照），全身性エリテマトーデス（SLE），ベーチェット病などが含まれる。膠原病以外にも**甲状腺機能亢進症**や**慢性甲状腺炎**などの甲状腺疾患（p.37参照），重症筋無力症などさまざまな病気が自己免疫疾患に含まれる。なお自己免疫疾患では，女性の方が男性より発症の多い病気が多い。以下，代表的な膠原病である全身性エリテマトーデスについて説明する。

全身性エリテマトーデス（SLE）：15～40歳（妊娠可能年齢）の女性に好発する。皮膚・粘膜（蝶形紅斑，光線過敏，口腔内潰瘍），関節，腎臓（p.42，ループス腎炎参照），脳・神経などさまざまな臓器に慢性の炎症が起こり，発熱，疲れやすさ，体重減少がみられる。治療はステロイドや免疫抑制剤を投与する。**気分障害**，**不安症状**，**認知障害**など精神症状の出現も多いが，これにはSLEによる**脳の炎症**に加えて，**長年の闘病**，**ステロイドの副作用**などが影響しうる。さまざまな神経症状（けいれん，脳血管障害など）もみられる。

Column アナフィラキシー

急性に起こる激烈なアレルギー反応の代表。特定の抗原（アレルゲン）を摂取後，数分〜1時間以内にじんま疹，動悸，吐き気，腹痛，**呼吸困難**などが起こり，さらに**血圧低下**，**意識消失**から**死亡**にいたる可能性がある（重症では数分のうちに意識消失・死亡にいたる）。発症後3時間以内に症状のピークとなるが，さらに遅れて症状が起こることもまれにある。**食物**（小麦，そば，鶏卵，乳製品などが多い），**ハチ毒**，X線検査で用いる造影剤，抗菌薬の一部などがアレルゲンになりやすい（実際にどの物質がアレルゲンとなるかは，各人で異なる）。

アレルゲンの摂取を厳重に避けることが重要で，そのための教育を本人，家族はもちろん，子どもの場合なら学校関係者にも十分に行う必要がある。万が一起きた場合には**アドレナリン**（商品名 **エピペン**）の**筋肉注射を即座に行う**必要がある。普段周りにいる人（子どもの場合なら家族や学校教員）が遅れることなく注射できる態勢を整えることが重要。

iii）円形脱毛症

円形脱毛症でも，免疫細胞が毛根組織を誤って攻撃する**自己免疫疾患**の機序が関わっている可能性が高い。通常の免疫反応では，体内にウイルスや細菌などの異物が入ってきた際にTリンパ球が異物を攻撃する。一方，このTリンパ球が異常を起こし，毛根細胞など正常な細胞を攻撃してしまうことがある（自己免疫反応とよぶ）。円形脱毛症は，長い間，ストレスが原因と考えられてきたが，最近では，ストレスは発症のきっかけに過ぎず，自己免疫反応が主たる原因と考えられている（実際，治療には**ステロイド**が使われる）。

B. ウイルス感染症

i）インフルエンザウイルス

インフルエンザウイルスは感染した人のくしゃみや咳にのって飛び出し，空気中を漂う。それが他の人の口や鼻へと侵入し，のどや鼻の細胞に感染する。ウイルスが気管や気管支の細胞を壊しはじめると咳や痰が出るようになる。

インフルエンザ感染で懸念される症状に**インフルエンザ脳症**がある。大部分が6歳以下の子どもでみられ，意味不明な言動，意識障害やけいれんなどの症状が表れたりする。インフルエンザ脳症による死亡率は10%以下ではあるが，25%の患者に後遺症が残るといわれている。この脳症のメカニズムはまだ解明されていないが，ウイルスと戦うために免疫細胞から放出されるサイトカインというタンパク質が過剰に分泌されることによって，脳が腫れ，脳症の症状が起きると考えられている。意識障害などインフルエンザ脳症の症状がみられた場合は，早期に病院を受診する必要がある。

ii）ノロウイルス

ノロウイルスは，胃腸炎を引き起こし，下痢や嘔吐などの症状を引き起こす。わが国では秋から冬にかけての食中毒の主な原因となっている。ウイルスが含まれる生牡蠣を食べたり，感染者の嘔吐物や排泄物に接触したりすることで感染する。感染力が強いため，わずかな量のウイルスで感染する。

ノロウイルスは，胃にある強酸の消化液でも，壊されず，感染力を失わないまま小腸の細胞に侵入する。ノロウイルスに感染した細胞は破壊され，栄養素や水分を吸収できなくなってしまい，下痢が生じる。ノロウイルスに対する治療薬はないが，多くの人は2日程度で症状が回復する。ただ，高齢者と乳児は，脱水症状を起こし重症化することがあるので注意が必要である。消毒には，次亜塩素酸ナトリウム（台所などのぬめり取り）が有効（アルコールは効果が低い）。

iii）HIV

HIV（ヒト免疫不全ウイルス）は，感染後すぐ（2～8週後）に風邪のような症状が表れるが，多くの場合，数年は無症状である。HIVは，リンパ球に感染し，徐々に体内のリンパ球を減らしていく。リンパ球が減少し，さまざまな病原体への抵抗力が失われていくことで，発熱や倦怠感が続くなどの症状が表れはじめる。すると通常では感染しないような病原体にむしばまれる**エイズ**（AIDS：後天性免疫不全症候群）を発症する。

Column　虐待と胸腺

胸腺は胸の真ん中の骨の真下，心臓の上にあるやわらかい脂肪のような臓器であり，成人では50g程度である。胸腺は免疫系の重要な臓器であり，主にリンパ球の一種であるT細胞を作り出している。児童期の胸腺には多くのリンパ球が含まれているが，大人の胸腺ではリンパ球の数が少ない。子どもが虐待を受けると胸腺が萎縮することが知られており，法医学で被虐待児を判別する際の１つの指標となっている。

章末演習問題

以下の各問の正誤を答えよ。

問1　血液は，液体成分である「血漿」と細胞など固形成分である「血球」からなり，体重に占める割合は成人で約8%といわれている。
□正　□誤

問2　血球には，酸素を運ぶ「赤血球」，異物と戦って排除する「白血球」，止血のために働く「血小板」などがある。　□正　□誤

問3　赤血球の形は球ではなく，中央がくぼんだ円盤状である。これによって表面積が増え酸素のやりとりが効率よく行える。　□正　□誤

問4　白血球の50～60%を占める「好酸球」は，顆粒球に分類され，細菌の処理などの役割を担っている。　□正　□誤

問5　白血球の30～40%を占める「リンパ球」は，肝臓で生まれ，その後，胸腺や脾臓，リンパ節などの各リンパ組織で成熟する。
□正　□誤

問6　子どもが虐待を受けると「胸腺」が萎縮することが知られており，法医学で被虐待児を判別する際の1つの指標となっている。
□正　□誤

問7　アレルギーは，「免疫反応」が過剰に起きて，生体に不利な現象を起こしてしまうことである　□正　□誤

問8　喘息やアトピーでは，気管粘膜や皮膚が常に傷ついているため，アレルゲンが体内に入りやすく，結果的にアレルギー反応が続く，という悪循環が生じやすい。　□正　□誤

問9　インフルエンザ脳症は，大部分が6歳以下の子どもでみられ，意味不明な言動，意識障害やけいれんなどの症状が表れたりする。
□正　□誤

問10　ノロウイルスは，胃にある強酸の消化液で壊されて感染力を失うことが多い。　□正　□誤

問11　HIV（ヒト免疫不全ウイルス）は，感染後すぐ（2～8週後）に風邪のような症状が現われるが，多くの場合，数年は無症状である。
□正　□誤

第7章 脳・神経系とその病気

7.1節 神経系の分類

神経系は**中枢神経**と**末梢神経**に分けられ，中枢神経は頭蓋骨内の**脳**とその下に続く**脊髄**に，末梢神経は**体性神経**と**自律神経**に分けられる（**図7.1**）。さらに，体性神経は運動神経と感覚神経に分けられ，自律神経は交感神経と副交感神経に分けられる。

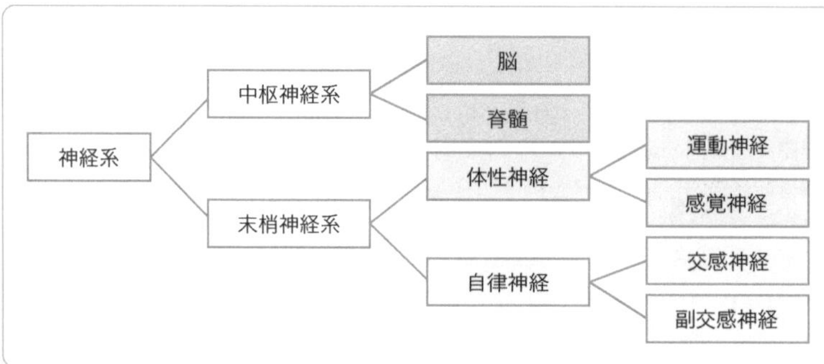

図7.1　神経系の分類

A. 運動神経・感覚神経（体性神経）

運動神経は，動作に必要な個々の筋肉（**骨格筋**）を収縮させる。

感覚神経は，皮膚や筋肉，視聴覚，嗅覚などからの感覚情報を中枢神経に伝える。

B. 自律神経

自律神経は**内臓**の働き（**消化管**の動きや**消化液**の分泌，**気管支**の拡張・収縮，**心拍**や**血糖値**の調整など），血管収縮（血圧），発汗，涙，瞳孔などを調整する。

運動神経の働きや感覚神経からの情報は自分で意識できるが，自律神経の働きは意識できない。例えば，手足（**運動神経**が筋肉（骨格筋）を支配）は自分の思い通りに動かせるが，消化管を動かす筋肉や血管を収縮させる筋肉（いずれも**平滑筋**で**自律神経**が支配）は自分で意識して動かすことはできない（そのほか，心臓を自分で止めたり動かしたりはできないなど）。

交感神経と副交感神経

自律神経は**交感神経**と**副交感神経**の2つに分けられる。2つの働きは相反していて，交感神経は心理的に**緊張・興奮**が必要な状況（闘い，追跡，逃走，生殖行動など）で強く働いて，心拍，血圧，呼吸数，血糖値を上げ，瞳孔を開き，消化管の動きや消化液分泌は抑える。副交感神経は心理的に**ゆったり**した状況（食後の休息，眠りなど）で強く働き，交感神経と正反対に作用する。自律神経は内分泌系（**コラム**，4章も参照）と同様，視床下部や大脳辺縁系で制御されている（後述）。

Column　自律神経と内分泌系　共通点と違い

自律神経は内分泌（ホルモン）系と同様，内臓等の働きをコントロールする。また両者は共通の物質を，信号の伝達に用いることも多い。例えばアドレナリンは交感神経の神経伝達物質としても，副腎髄質のホルモンとしても働く（p.34 参照）。

ただし，自律神経の指令は軸索を通って体の特定の場所に瞬時に伝わるが，ホルモンは血液に乗ってもっとゆっくり，かつ対応する受容体をもつ体内すべての細胞に作用する。

7.2節　神経組織を構成する細胞の構造と働き

神経系の細胞は大きく**神経細胞（ニューロン）**と**膠細胞（グリア）**に分類される。**神経細胞**は神経系内，あるいは神経と筋肉の間の**信号伝達**を担う。**膠細胞**は神経細胞の位置の固定（接着剤のような働き[1]）と機能の維持・調整を行う。細胞の数は膠細胞の方が多い（神経細胞の約10倍）[2]。

1　“グリアglia”は，英語ではglue（接着剤，ニカワ（膠））。膠は皮膚や軟骨や腱に豊富に存在するコラーゲンのことで，昔は接着剤として用いられた。皮膚や軟骨などへの自己免疫疾患である膠原病の「膠」もコラーゲンのこと。

2　脳腫瘍：脳腫瘍は膠細胞または髄膜から生ずる。神経細胞はほとんど細胞分裂しないため腫瘍も生じない。膠細胞の腫瘍は，髄鞘の腫瘍を除くと基本的にすべて悪性だが，髄膜の腫瘍には良性腫瘍と悪性腫瘍がある。ただし良性の腫瘍でも，脳を圧迫して脳機能が低下するため，手術による除去が必要なことが多い。

A. 神経細胞の構造

典型的な神経細胞は，多数の**樹状突起**と1本の長い**軸索**をもち，軸先の先端は多くの**神経終末**に枝分かれしている（**図7.2**）。樹状突起は他の神経細胞との間で信号をやり取りし，軸索は離れた神経細胞（あるいは筋肉）に信号を伝える。軸索には，**髄鞘**で包まれ，伝達速度の速い**有髄線維**と，髄鞘がなくて伝達速度の遅い**無髄線維**とがある（**コラム**）。髄鞘は膠細胞の1つの**希突起膠細胞**（中枢神経の場合；末梢神経では**シュワン細胞**）が作る。

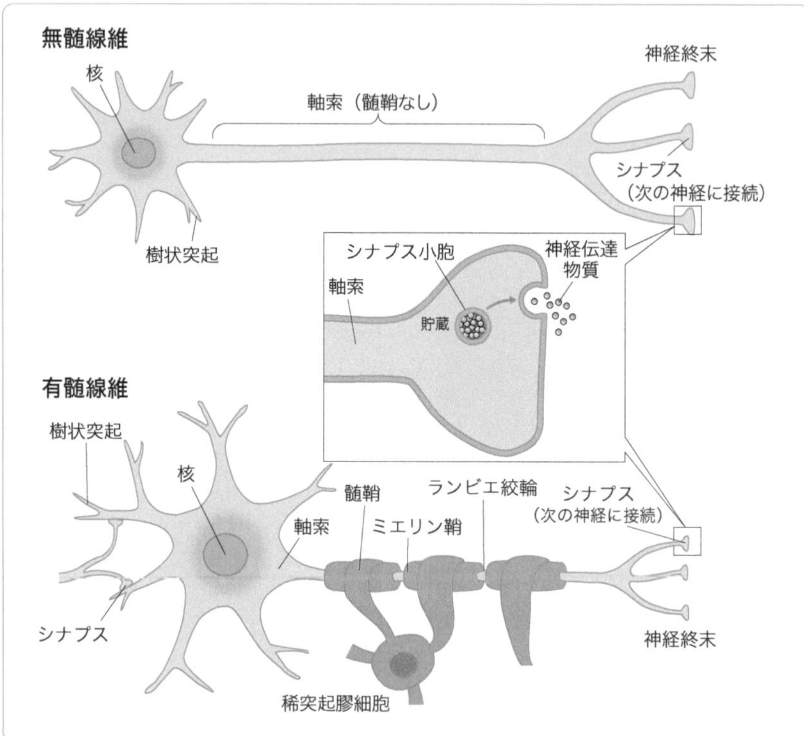

図7.2　典型的な神経細胞の構造

Column 超特急の有髄線維と各駅停車の無髄線維

軸索を電線に例えると，髄鞘は電線の外側のゴム等のカバーに相当する（実際に髄鞘は油性の膜で電気（イオン）を通さない）。髄鞘に覆われた軸索（**有髄線維**）では，軸索内への Na イオンの流入は髄鞘の切れ目（**ランビエ絞輪**など）のみで起こる（**跳躍伝導**：途中駅をすっとばす特急のようなもの）。このため**信号の伝達速度が速い**（太い有髄線維では 100m/s に達する）。これに対して**無髄線維**では各駅停車のようにゆっくりと信号伝達が進む。

伝達速度の速い神経線維は生存に不可欠

例えば障害物を避けようと足の筋肉を動かそうとしても，伝達速度が遅ければ（例えば 1 m/s 程度とすると），脳の指令が約 2 m 先の足の筋肉まで届くのに 2 秒もかかる。これでは障害物を避けることはできない。

B. 神経細胞内は電気が信号を伝える

神経細胞内では，信号は電流（Na^+の出入り）として伝わる。普段神経細胞内の電位は細胞外よりマイナスだが，信号が伝わる時はNa^+が流入して電位が変化する。これが軸索内で次々に起こり，信号が伝わる（**図7.3**）。

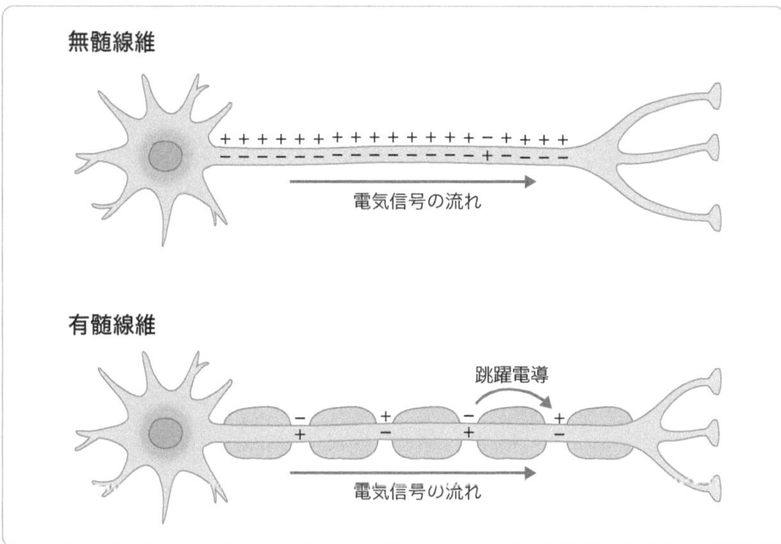

図7.3　神経細胞内の電気の流れ

C. 次の神経細胞や筋肉にはシナプスで信号が伝わる

軸索の末端（神経終末）は**シナプス**という特殊な構造となって，次の神経細胞の樹状突起や筋肉に接続する。神経終末はシナプス内に**神経伝達物質**を放出，これが次の神経細胞の樹状突起や筋肉の**受容体**に作用して信号が伝わる（図7.2参照）。

Column 鍵と鍵穴

神経伝達物質には多くの種類があるが，それぞれ**特定の受容体にのみ作用**する。これは**鍵**（＝神経伝達物質）と**鍵穴**（＝受容体）の関係（鍵は形の合う鍵穴のある扉しか開けられない）に似ており，複雑な神経系の交通整理に役立っている。なお**精神科の薬**など神経系に作用する薬の多くは，**特定の受容体だけに作用**するよう作られている。

7.3節 中枢神経（脳・脊髄）の概要

中枢神経は，頭蓋骨内の**脳**と，頭蓋骨外の**脊髄**に分けられる。

脳と脊髄は，全体が3層の膜（外側から硬膜，くも膜，軟膜）で包まれている。くも膜と軟膜の間（くも膜下腔）は脳脊髄液で満たされ，脳・脊髄は脳脊髄液に浮かんだ状態にある。このため，脳の重さ（約1400 g）は浮力で50 g程度に軽くなり，体の動きなどによる衝撃も弱まる。

脳脊髄液は**脳室**（側脳室，第3脳室，第4脳室）の**脈絡叢**で血液から作られ，第4脳室付近でくも膜下腔に流入，最後は脳の**静脈洞**で吸収される。この流れがスムーズにいかないと，脳脊髄液がたまって脳室拡大や脳の圧迫（**水頭症**）が起きることがある。

7.4節 脊髄

脊髄は背骨（**脊椎**）の後ろ半分にある穴（**椎孔**）の中を通っている（**図7.4**）。断面は径1 cmほどの左右に長い楕円形で，楕円の内側には**灰白質**（神経細胞の集まっている部分）が，外側には**神経線維**（軸索の束：**白質**）が上下に通っている。

灰白質の中心には中空の管（**中心管**）があり，**脳脊髄液**で満たされ上方は**脳室**につながっている。

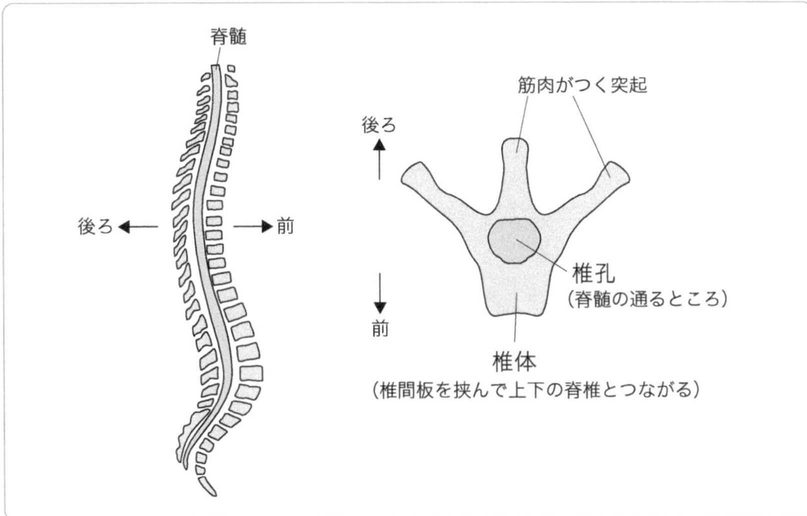

図7.4　脊椎と脊髄の概略図

A. 脊髄神経はその“高さ”に応じた皮膚・筋肉をコントロールする

上下の脊椎の間の左右の隙間（図7.4参照）からは**脊髄神経**（**運動神経**，**感覚神経**，**自律神経**）が出入りし，その高さに対応した筋肉と感覚（触覚や温痛覚）をコントロールしている（**分節**とよぶ，**図7.5**）。もし事故などで脊髄が損傷を受けると，損傷部位以下の分節の麻痺と感覚消失が起こる。脊髄神経は全部で31対ある。

なお，額や顔面，のどや口の中などの筋肉と皮膚（粘膜）感覚，眼球を動かす筋肉，視覚，聴覚，嗅覚などを支配する神経は全部で12対あり，頭蓋骨内で**脳幹**部（間脳を含む）から出るため，脊髄神経ではなく**脳神経**とよぶ。鼻，目，耳，舌の神経や，顔の筋肉を動かす**顔面神経**，顔の感覚を担う**三叉神経**などがある。

Column　顔面神経痛？

顔面神経は筋肉を動かす神経なので，**顔面神経麻痺**はあっても「顔面神経痛」はない。痛みを含め顔の感覚は三叉神経が担うので，神経が刺激されて起こる顔の痛みは「**三叉神経痛**」である。

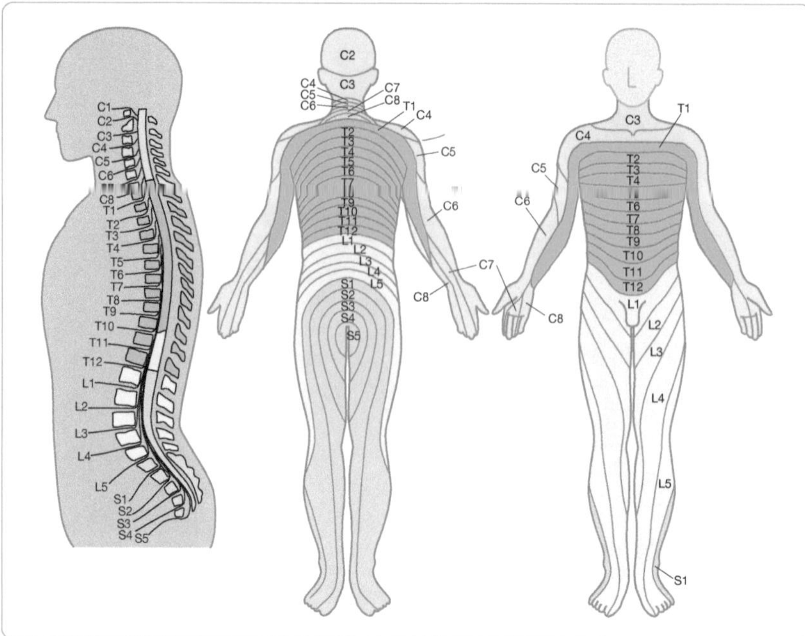

図7.5　脊髄神経
Cは頸椎の高さ，Tは胸椎の高さ，Lは腰椎の高さ，Sは仙骨の高さから出入りする脊髄神経を表す。高さに応じてコントロールする筋肉や皮膚感覚の領域（分節）が決まっている。番号はそれぞれ上から順に付けられている。一番下の尾骨神経は省略。

B. 脳—脊髄の間の運動神経・感覚神経の走行

i）運動神経

大脳前頭葉の**一次運動野**の神経細胞から出た運動神経の線維（軸索の束）は，延髄の前の方（腹側）のふくらみ（**錐体**）で左右に交差し，その多くは脊髄の側面（**側索**）を通って，支配する筋肉に応じた高さまで到達（**図7.6左**）。その高さの脊髄灰白質の**前角**で2番目の神経細胞（前角細胞）にバトンタッチ[3]する。その神経線維は左右の**腹側**（**前根**）から脊髄を出て目的の筋肉に到る。この神経路は，延髄の**錐体**を通るため**錐体路**ともよばれる。

3　脊髄前角細胞と筋萎縮性側索硬化症（ALS）：筋萎縮性側索硬化症は全身の筋肉が次第に衰える難病で，英語の頭文字をとってALSとよぶ。大脳運動野の運動神経と，それをバトンタッチする脊髄前角の神経の細胞が変性し，筋肉も運動神経の線維（側索）も萎縮する。眼球を動かす神経は最後まで保たれるため，話や手・足・指を動かせなくなったあとは，文字の表を目で追うことが，唯一の意思表示方法となる。

ii）感覚神経

皮膚や筋肉の感覚を担う感覚神経は，対応する高さで，左右それぞれの後ろ（**背中側：後根**）から脊髄に入り，同じ高さの脊髄灰白質の**後角**（後ろの出っ張り部分）または**延髄**で2番目の神経細胞にバトンタッチ，その直後に**左右に交叉**したのち，**視床**にいたる（**図7.6右**）。視床で3番目の神経細胞にバトンタッチして大脳の**一次感覚野**にいたる。

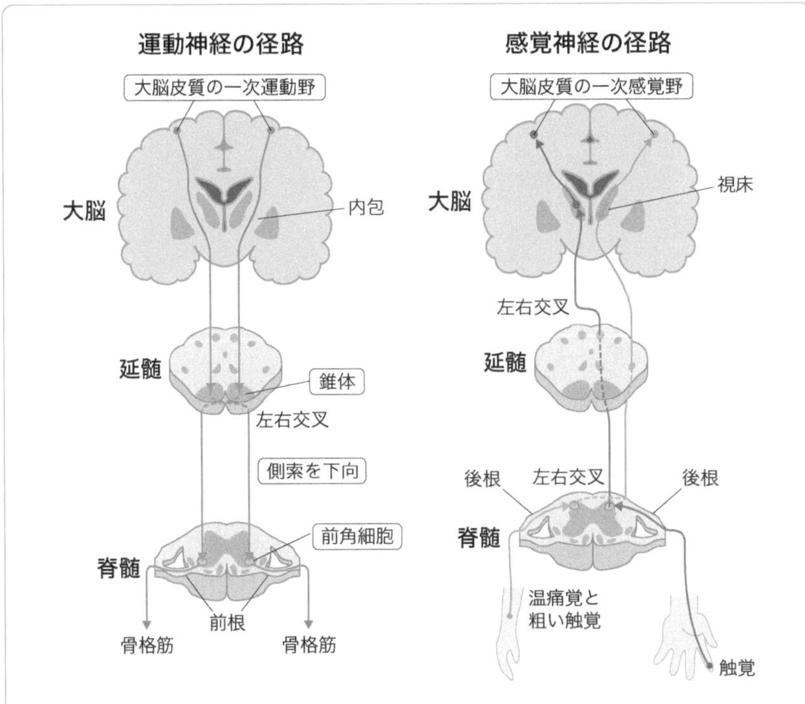

図7.6　運動神経と感覚神経の径路

7.5節　脳

脳は脊髄に近い方から**延髄**，**橋**（きょう），**中脳**，**間脳**，**大脳**とつながり，橋の後ろには**小脳**がある（**図7.7**）。延髄，橋，中脳を合わせて（あるいは間脳と大脳基底核（図7.9参照）も含めて）**脳幹**とよぶ。

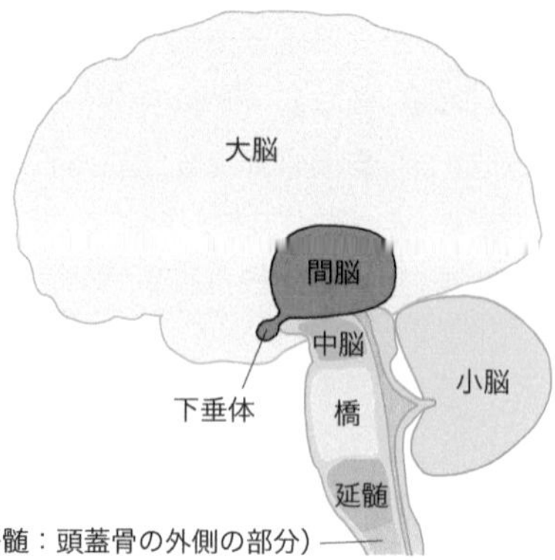

図7.7　脳の模式図

A. 脳幹

脳幹は**呼吸**，**心拍**，**血圧**，**摂食**，**覚醒・睡眠**など生命維持に不可欠な機能を担っている。脳幹にはドーパミン，セロトニン，ノルアドレナリン，アセチルコリンなどの神経核があり，睡眠・覚醒のほか**気分**，**意欲**（**報酬系**），**不安**，**痛み**，**学習と記憶**などさまざまな心理機能に関わっている（**コラム**）。

脳幹が働かなくなることは直接死につながる（その状態でも心臓が動いている場合は，「**脳死**」とよばれる）。一方，脳幹は働いていて，脳のそれ以外（主に大脳）の機能が停止した状態を「**植物状態**」とよぶ。

Column　精神疾患の薬物治療

ドーパミン受容体をブロックする抗精神病薬，セロトニンやノルアドレナリンの働きを助ける抗うつ薬（疼痛症の治療にも使う）など，精神科の薬の多くは，これらの神経伝達物質の作用を調整することで働く。

Column　うつ病と慢性疲労症候群

うつ病は**不安症**とともに頻度の高い精神疾患で，**モノアミン**（セロトニン，ドーパミン，ノルアドレナリン）の神経系が病態に関係する。特にセロトニン系は**選択的セロトニン再取り込み阻害薬**（SSRI）など抗うつ薬の作用機序にも直接関わっている

（抗うつ薬にはほかに，セロトニンとノルアドレナリンの再取り込み阻害薬である SNRI などがある）。これらの抗うつ薬（特に SSRI）はうつ病のほか，さまざまな不安症でも第一選択薬として推奨されている。

なお，うつ病に対する抗うつ薬の効果は，著効からほぼ無効まで人によってさまざまである。これは「うつ病」が，実際には多くの異なる病気の集まりだからと考えられる。また**慢性疲労症候群**のように，うつ病と似た別の疾患概念も提唱されている。慢性疲労症候群の中心症状は「日常生活が損なわれるほどの激しい疲労感の持続」で，ほかに記憶・集中力の障害，咽頭痛，リンパ節痛，関節痛，頭痛などを伴うことが多い。抗うつ薬の効果は乏しく，有効な治療法は見つかっていないが，患者の多くはうつ病の診断基準を満たすため，うつ病との区別が難しい疾患概念である。

B. 間脳

間脳には，視床，視床下部と脳下垂体（下垂体），松果体がある。

視床は中枢神経最大の神経核で，全身の感覚情報を中継して大脳皮質に伝える（図7.6右）。

視床下部は自律神経と内分泌系の中枢で，内臓の働きなどをコントロールする。摂食の促進と覚醒維持に関わるオレキシン神経（13.2節参照）も視床下部にある。視床下部の先端には内分泌器官の**脳下垂体**がある（4章参照）。

松果体は**メラトニン**（睡眠を促進するホルモン）を分泌して概日リズムを調節する。

C. 大脳と小脳

大脳と小脳はともに，表面は**灰白質**（**大脳皮質**，**小脳皮質**），内側は主に神経線維（**白質**）が占め，ところどころに**神経核**（神経細胞の集まり）がある。大脳皮質の大部分を占める**大脳新皮質**は**6層構造**，**小脳皮質**は**3層構造**をとり，層ごとに神経細胞の種類や神経線維の走る向きが決まっている。ただし，記憶と情動の中枢である**大脳辺縁系**，姿勢の調節や平衡感覚に関わる小脳虫部は発生学的に古く，整った層構造にはなっていない。

i）小脳の機能と障害

小脳の役割は，1）身体の複雑・微細な動きの学習・制御（**運動学習**）と，2）**歩行**や**姿勢**，身体の**平衡**の制御である。

飲酒や病気で小脳機能が障害されると，両足の幅を開いたフラフラした歩行（酩酊様歩行）となる。また，手や足を目標の位置に近づけようとすると，目標からずれたり（測定障害），震えたりする（企図振戦）。物をとろうとする時や食事や書字の時などに観察される。

ii）大脳

①**大脳の概観（図7.8）**：大脳は進化とともに大きくなり，ヒトでは脳の大部分を占めている。左右2つの**大脳半球**に分かれ，各半球は前後の中ほどにある中心溝を境に**前頭葉**と**頭頂葉**，その後ろの**後頭葉**，側面の**側頭葉**に分けられる。左右の半球は脳梁（神経線維の大きな束）で結ばれている。大脳の表面は，**皮質（灰白質）**で覆われ，内側には神経線維の通り道（**白質**）と，いくつかの神経核（**大脳基底核**）がある。

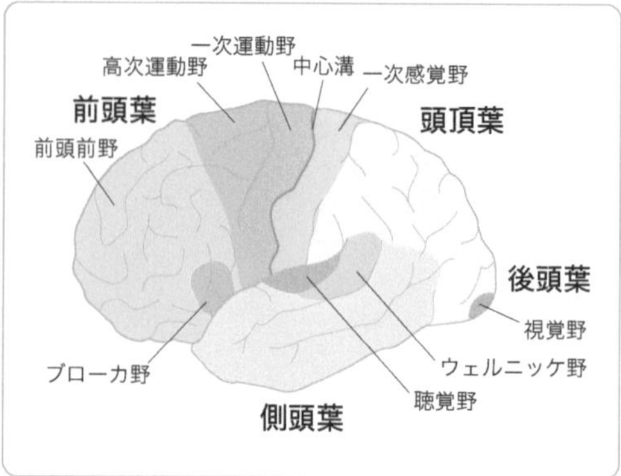

図7.8　大脳の外観

②**大脳の各葉の機能**：**前頭葉**は中心溝に近い方（後ろの方）から，一次および高次運動野と前頭前野に分けられる。**高次運動野**（**運動前野**と**補足運動野**）は動作に必要な一連の運動を準備し，**一次運動野**は各運動に関わる個々の筋肉を収縮させる。**前頭前野**はヒトでは大脳全体の3割を占める（イヌでは7%，サルで1割）。ヒトが思考，判断，計画，コミュニケーション，感情制御など，「人間」らしい活動を行えるのは前頭前野の発達による。言語関連の動作（発語，書字など）を制御する**ブローカ野**は前頭前野の側頭葉近く（通常は左の大脳半球）にある。

側頭葉には**聴覚**の中枢などがある。言語の理解を担う**ウェルニッケ野**も側頭葉（通常は左大脳半球）にある。側頭葉後部（側頭連合野）では，見たものが「何か」の認識を行っている。

後頭葉には**視覚**の中枢がある。

頭頂葉には体性感覚の中枢があり，身体各部からの感覚神経は，視床を経て頭頂葉の一次感覚野（中心溝のすぐ後ろ）に入る。頭頂葉は，身体各部の認識，空間認識，読み書き・計算にも関わっている。

③**大脳基底核**：左右の大脳半球の最内側にあり，尾状核，被殻（合わせて線条体とよぶ）と淡蒼球からなる。**筋肉の緊張**を調整し，体の**スムーズな動き**を保つ。運動神経（**錐体路**）の働きを補うという意味から，大脳基底核（および関連する神経系）の働きを**錐体外路**とよぶ（**図7.9**）。

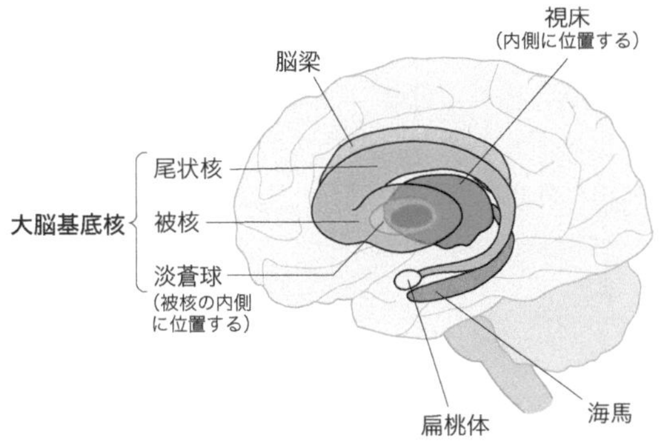

図7.9　大脳基底核, 扁桃体, 海馬, 脳梁

大脳基底核での筋緊張の調整には，中脳の黒質から線条体にのびるドーパミン神経が重要で，その働きが低下すると動作の緩慢・歩行障害・表情の乏しさ，手足の震えなどの**パーキンソン症状**（**錐体外路症状**ともよぶ）が出現する（**コラム**）。

大脳基底核は運動のみでなく情動・意欲の調節にも関わっている。線条体の先には**大脳辺縁系**の**扁桃体**（次の④参照）がある。

Column　抗精神病薬の副作用

錐体外路症状は黒質のドーパミン神経の衰え（**パーキンソン病**）のほか，**ドーパミン受容体**をブロックする薬（主に**抗精神病薬**）でも起こる。精神病症状は中脳から辺縁系（側坐核）へのドーパミン神経の過剰な働きで起こるため，ドーパミン受容体をブロックする薬剤が抗精神病薬として使われる。ただしこれらの薬剤は側坐核だけでなく線条体のドーパミン受容体もブロックするため，パーキンソン症状や意欲低下などの錐体外路症状が出現しやすい。

抗精神病薬による錐体外路症状では，**静坐不能症**（**アカシジア**：体がソワソワ落ち着かずじっとしていられない），**急性ジストニア**（首や顔面などの筋肉が収縮して不自然な姿勢が続く），**遅発性ジスキネジア**（長期投与後に，口や舌などがモグモグ動いて止まらなくなる）もみられることがある。錐体外路症状のほか，前頭前野のドーパミン受容体のブロックによる意欲低下も抗精神病薬の副作用として起こりやすい。

④大脳辺縁系：記憶の中枢である**海馬**，情動の発生に関わる**扁桃体**などで構成される情動・記憶の中枢。情動と記憶はともに生存と生殖に必要不可欠で（**コラム**），その中枢である大脳辺縁系は哺乳類だけでなく爬虫類や両生類にもある。ヒトでは，大脳辺縁系で発生する情動を前頭前野がコントロールして，「人間らしさ」を形成している。

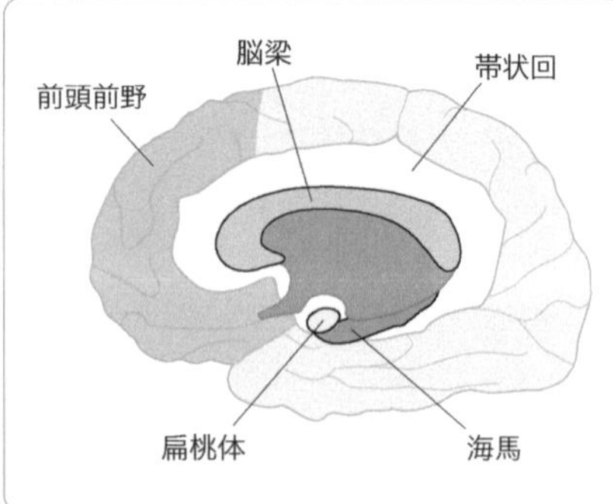

図7.10　大脳半球の内側面：前頭前野の内側面，脳梁と大脳辺縁系（帯状回，海馬，偏桃体など）

Column　記憶と情動・感情

記憶が適切な情動や感情と組み合わさることは，生存の維持に不可欠である。生存に害となることは，恐怖とともに記憶しておけば，それを避けて生きのびるチャンスも高まる。例えば，ヘビ等にほどほどの恐怖心をもつことは，身の安全に役立つ。ただし恐怖が過剰となり，ヘビという言葉を聞いたり字を見るだけで体が震えるほどの恐怖が起きる恐怖症の状態では，生活の妨げになるし，治療も必要となる。

脳への血液供給

脳は安静時でも大量のブドウ糖と酸素を消費する。このため安定した血液供給が必要である。

大脳には，左右（計2本）の**内頸動脈**のほか，脳幹前面を上行する1本の**脳底動脈**（左右の**椎骨動脈**が橋の下部で合流）の計3本の動脈が血液を供給している（**図7.11**）。これらの動脈の間（左右の前大脳動脈の間と，各側の中大脳動脈と後大脳動脈の間）は血管でつながり，全体として脳底部を取り囲む動脈の輪（**大脳動脈輪**）を形成，3本のどれかで血流が低下した時のバイパスとして働く。

これに対して，脳幹部や小脳には，脳底動脈・椎骨動脈のみが血液を供給する。

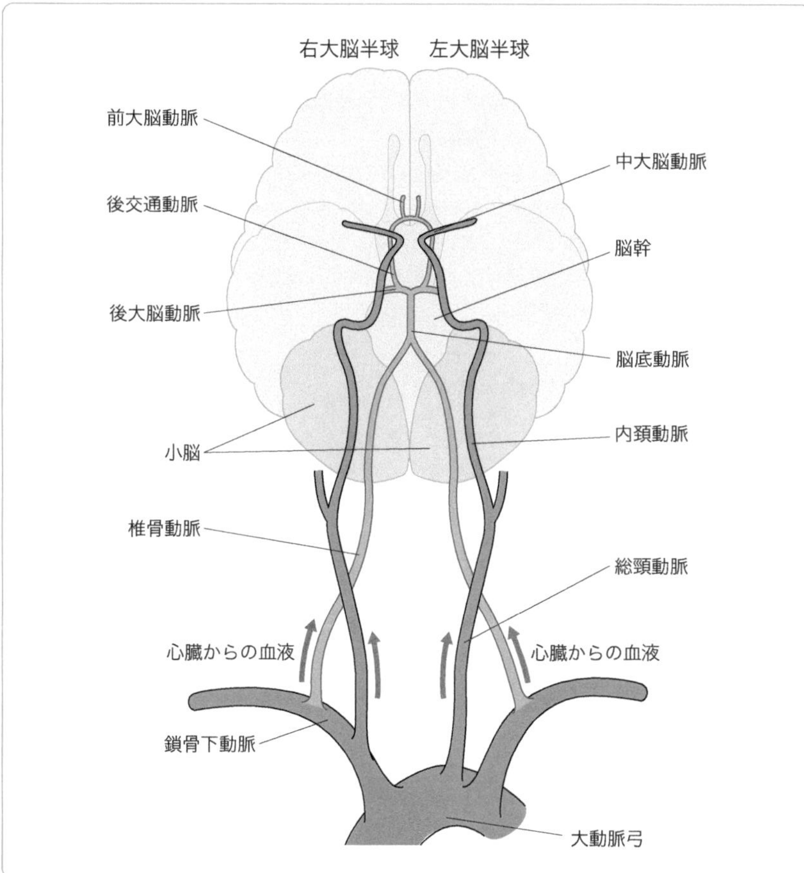

図7.11　脳への血液供給と大脳動脈輪（大脳，脳幹，小脳を下から見た図）

血液脳関門

脳の動脈は枝分かれして最後は毛細血管となり，酸素やブドウ糖，その他必要な物質を脳に供給，脳からは老廃物を吸収・除去する。なお血液中には脳に不要・有害な物質も含まれるので，なるべく必要なものだけを選んで脳に供給する仕組みが，毛細血管と脳の間に作られている（**血液脳関門**，**コラム**）。

Column 血液脳関門と薬の構造

神経細胞と血管の間は膠細胞の１つである**星状膠細胞**が橋渡ししていて，血液と神経細胞の間の物質交換を制限・調整している。これを血液脳関門とよぶ。

精神疾患などで処方される薬は血液から脳内に入る必要があるため，血液脳関門を通過できる構造（油に溶けやすい化学構造）で作られている。例えばパーキンソン病では脳へのドーパミン供給が症状を緩和するが，ドーパミン自体は血液脳関門を通過できないので，ドーパミンの前駆体で関門を通過可能なL-dopaが薬として使われる。

Column 高次脳機能障害

高次脳機能障害とは，手足の麻痺などの**運動機能障害**や視覚障害・聴覚障害などの**感覚機能障害**との対比で用いられる概念で，具体的には**失語**や**失行**，**失認**，**注意障害**，**記憶障害**，**遂行機能障害**，**社会的行動障害**を指す。運動機能障害（歩けない，手が動かせない）や感覚機能障害（目が見えない，耳が聞こえない）に比べると，一見障害のわかりにくい点が特徴的である。

例えば遂行機能障害は，計画的に行動することの障害で，料理を作るのに何から手をつけてよいかわからなくなる，予定外のことに対応できない，仕事の優先順位が立てられない，計画的な買い物ができず浪費してしまう，などが起こる。社会的行動障害では，感情のコントロールができず不適切な行動をとりやすくなる（例えばギャンブルにはまったり，すぐカッとなって大声を出す等）。

原因としては脳梗塞や脳出血，くも膜下出血などの脳血管障害（脳卒中）が最も多い。実際にどのような障害が起こるかは，損傷を受けた脳の部位により異なる。例えば，前頭前野の障害では社会的行動障害や遂行機能障害が起こる，側頭葉の**ウェルニッケ野**の障害では言語の理解が損なわれる**感覚性失語**が起こり，同じ失語でも，前頭葉の**ブローカ野**の障害では言葉を理解できても話せなくなる**運動性失語**が起こる，などである。

なお，厚生労働省の**行政的定義**では，診断・リハビリテーション・生活支援等の方法の確立がより急がれる**注意障害**，**記憶障害**，**遂行機能障害**，**社会的行動障害**のみを高次脳機能障害とよんでいる。

頭痛

脳の腫瘍や出血など脳の病変に伴う頭痛（**二次性頭痛**）と，それ以外の一次性頭痛に分けられる。頭の痛みのほか，**吐き気**を伴うことも多い。一次性頭痛の方が圧倒的に多く，その半分は**緊張型頭痛**で，**片頭痛**がそれに次ぐ。ほかに**群発頭痛**がある。

緊張型頭痛は**首から後頭部**にかけての**筋肉の緊張**によるもので，首や肩のこりがひどくなったものと考えるとわかりやすい。頭痛患者の半数を占める。長時間のデスクワークや背中を丸めた姿勢などで，首や頭の筋肉の収縮が続いて血行が悪くなり，筋肉に痛み物質がたまることで起こる[4]。**血行の改善**により痛みも軽減する。

片頭痛は主に**こめかみから側頭部**にかけて生ずる**拍動性**の頭痛で，頭の中の**血管が拡張**し周りに炎症が広がることが原因と考えられる。痛みのある時に，日常動作を含め**体を動かすと痛みは悪化**する（緊張型頭痛と異なる）。痛みの前兆として**閃輝暗点**(せんきあんてん)[5]が起こることもある。ストレス，月経，気圧や温度の変化，低血糖，飲酒などが誘因となる。ストレスから解放される週末に起こることも多い。

群発頭痛では，目の奥から側頭部の激しい痛みが1ヶ月程度頻発する。飲酒などで誘発される。

二次性頭痛は，脳腫瘍，慢性硬膜下血腫や脳出血，くも膜下出血，髄膜炎などのほか[6]，副鼻腔炎，中耳炎などの耳鼻科の病気，緑内障などの眼科の病気で起こる（それぞれの項目を参照）。

7.6節　脳卒中

脳卒中とは，脳の血管の問題で急に起こる脳の障害で，生命や後遺症のリスクが高い。血管が詰まって起こる**脳梗塞**と，血管が破れて起こる**脳出血**や**くも膜下出血**に分けられる。

4　頭痛に限らず，血行が悪くなると体のさまざまな部分の痛みが出やすくなる（肩こり，腰痛，胃痛など）。特に冬場は，寒さのために血管が収縮して血行が悪化するので，痛みも出やすい。体を温めることが痛みの軽減に効果的である。方法としては入浴・湯治のほか，カイロを使う（低温やけどに注意して）などが考えられる。また肩こり・緊張型頭痛は筋緊張が続くほど悪化するので（緊張型頭痛では夕方に増悪する人も多い），一日に何回か，仕事の時間を区切って体操などで筋肉のコリをほぐすとよい。なお，これらの対策は片頭痛では逆効果であり（血管を拡張させるため），2つの頭痛の区別に役立つ。

5　視野の真中あたりにキラキラした点が現れ，ガラス片やノコギリの歯，あるいは稲妻のようにギラギラ，チカチカしながらドーナツ状に視界の隅まで広がっていく。無数の光り輝く歯車のような点が集まり回転しているように見えることもある。視界の大部分が見えなくなることもある。ドーナツの中心部は暗点となる。持続は数分から1時間以内である。なお，閃輝暗点のみで頭痛を伴わないこともある。稀に脳腫瘍などが見つかることもある。

6　脳腫瘍や慢性硬膜下血腫などの頭痛は，トイレでいきんだりすると脳内の圧が上昇し，痛みがひどくなる。くも膜下出血では，出血直後から「バットで頭を殴られたような」「雷に打たれたような」と形容される強烈な頭痛が起こる。

A. 脳梗塞

脳内の動脈が塞がり，脳のうち，その動脈から血液を供給されていた部分とその周辺が壊死し，壊死した部分と（左右）反対側の麻痺（**片麻痺**）や感覚障害，構音障害，失語，意識障害などが起こる病気。多くの場合，後遺症が残る。

（1）**糖尿病**，**高脂血症**，**喫煙**，**高血圧**などで**動脈硬化**が進んで狭くなった血管が，血栓（血の塊）等で塞がって起きる場合と，（2）**不整脈**（心房細動など）や**弁膜症**で心臓内にできた血栓の一部がちぎれて心臓外に流れ出し，脳の動脈を突然塞いで起こる場合とがある。（1）は夜間に起こりやすく，起床時に構音障害や手足の麻痺などで気づくことが多い。**一過性の脳虚血発作**（数分から数時間の脱力，痺れ，失語，記憶消失等）が先行することもある（2～3割）。また，**脱水**等で血液の粘度が上がると，血管が血液で詰まりやすくなり，脳梗塞が起こりやすい。（2）は活動時（覚醒中）に起こることが多い。

これらのほか，高血圧を有する高齢者では，ごく小さな脳梗塞（**ラクナ梗塞**）で軽い麻痺や痺れ，構音障害などが起こることがある（無症状のこともある）。これをくり返すと**脳血管性認知症**や**パーキンソン症候群**につながる。以前は脳梗塞ではラクナ梗塞が最も多かったが，近年は高血圧の治療・管理の普及により減少傾向にある。

脳梗塞は**寝たきり**の原因の第1位であり，また脳血管障害による死亡の半数は脳梗塞による。人口の**高齢化**とともに今後さらに増加すると考えられる。

治療は全身状態の管理，合併症対策のほか，脳の梗塞部分への治療（**脳保護療法**や**脳浮腫**対策，発症後数時間以内なら血栓を溶かす治療（**血栓溶解療法**））が行われる。血栓の溶解は，梗塞周辺部への壊死の広がりを防ぐことが目的で，**リハビリテーション**による**機能回復**にも大きく影響する。

動脈硬化や心臓の病気などで脳梗塞のリスクが高い人では，血液を固まりにくくする薬（アスピリンなどの**抗血小板薬**や**抗凝固薬**）の内服などで**予防**を図る。ただし，血液が固まりにくくなれば反対に出血しやすくなるため，**脳出血**などのリスクは上がる。2つのリスクのバランスをとった予防策が必要である。

B. 脳出血

脳の内部の動脈が破れて起こる（脳表面の動脈からの出血は「くも膜下出

血」)。出血の部位は大脳の**被殻**が3割と最多で，**視床**，**皮質下**がそれに次ぎ，**脳幹**（橋など），**小脳**でも起こる。死亡のリスクのほか，出血した部位を中心に脳の損傷が起こるため，脳梗塞同様，**後遺症**のリスクが高い[7]。

治療は呼吸や血圧の管理，脳浮腫対策のほか，血腫による圧迫で脳幹部が損傷されて亡くなることを防ぐため**血腫除去手術**が行われる（脳幹出血を除く）。

脳出血の最大の原因は**高血圧**で，高血圧の予防と管理・治療が脳出血予防の鍵となる。わが国では食事の改善（塩分摂取量の減少）と高血圧治療の普及により，昔に比べて脳出血は減少している。一方，上述のように心筋梗塞や脳梗塞の予防のために血を固まりにくくする治療を受けている場合は，脳出血のリスクは高くなる。

C. くも膜下出血

脳表面の血管が破れ，くも膜下腔に出血することを，くも膜下出血という。バットで殴られたような突然の激しい頭痛で始まり，意識消失にいたる（死亡や重い後遺症が残ることが多い）。8割は**脳動脈瘤**の破裂によるもので中高年に多く，女性の割合が高い。残りは**脳動静脈奇形**の破裂で，こちらは若年者にも起こる。脳動脈瘤がMRIなどで発見できれば，外科手術（クリッピング等）で予防可能なこともある。

D. 脳卒中のリハビリテーション

脳卒中で脳が損傷を受けても，早期から適切なリハビリテーションを行えば，ある程度まで機能を回復できることが多い。これは脳にも可塑性があるためである。

リハビリテーションは，脳卒中の重症度と治療経過にもよるが，**発症の1〜数週後には開始**する。発症後数か月から半年たつと後遺症のレベルが一定となるので，その前に，できるだけ早くから開始することが望ましい。

脳卒中のリハビリテーションの主な内容には，座れる ⇒ 立てる ⇒ 歩けるようになるための**理学療法的訓練**，食事や書字，用便など日常生活での基本動作やパソコン入力など仕事や学業への復帰・地域活動への参加などに必要

7　神経は脳と脊髄（または脳神経）の間で**左右に交差**するので，脳出血でも脳梗塞でも，**麻痺などの障害は出血・梗塞と反対側**で主に起こる。また**左大脳半球**の出血・梗塞の方が，右よりも**言語機能の障害**は起きやすい。

な能力に関する**作業療法的訓練**，食べ物の**嚥下**や**言語**に関するリハビリテーションなどが含まれる。リハビリテーションの補助には装具や自助具が用いられるほか，近年では経頭蓋磁気刺激（TMS）治療が併用されている。

なお脳卒中のリハビリテーションは，医師や看護師だけでなく理学療法士，作業療法士，言語聴覚士などリハビリテーションに関連する多くの職種がチームを組んで行う。心理職もその一員で，脳卒中で頻発するうつ状態を含めた**心理状態**の検査と評価，**神経心理学**的な検査と評価，**心理療法**，患者や家族に対する**心理的サポート**などが主な役割である。チームの一員としての仕事であるので，検査結果の共有はもちろん，心理療法を含めた心理的サポートをどう進めていくかについても，チームの他のメンバーと情報を共有する必要がある。また，リハビリテーションの進捗を理解しながらサポートを進める必要がある。このため診断と病状，脳の損傷，障害されている脳機能，リハビリテーションの課題について理解できる医学知識を備えておく必要がある。また自分たちが把握した情報を，心理専門職以外のメンバーにわかりやすく伝えるスキルも必要である。

7.7節 認知症

認知症では一度獲得した認知機能が持続的に低下し，生活に支障をきたす。人口の高齢化とともに増加している。**アルツハイマー型**，**レビー小体型**，**血管性**，**前頭側頭型（主にピック病）**の4つに分類される。心理職には，記憶障害や見当識障害など中核症状の評価と，うつ，不安・焦燥，不眠，徘徊，幻覚・妄想，興奮，不潔行為など，認知症に伴う行動・心理症状への対応が求められる。

i）アルツハイマー型認知症

4つの認知症のうち最多の型。典型例では，物忘れなどの**記憶障害**から始まり，**時間の見当識障害**（日時がわからなくなる），**場所と人物の見当識障害**（今いる場所や相手がわからなくなる），さらに**人格変化**へと進む。

ii）レビー小体型認知症

2番目に多い型。**パーキンソン病**と同じ神経変性が，脳幹から大脳皮質全体に生じて起こる。**70歳以上**の高齢で多く，2：1で**男性**に多い。**幻視とう**

つ症状がしばしばみられる。

iii）血管性認知症

脳血管障害（脳梗塞や出血）で起こり，梗塞や出血をくり返すたびに悪化する。日本では以前は非常に多かったが，**生活習慣**の改善と**高血圧**の治療予防の普及で減少している。

iv）前頭側頭型認知症（主にピック病）

主に前頭前野や側頭葉の脳の萎縮が進む病気。これらの脳部位は「人格」の維持に関わっているため，脱抑制（浪費や性的亢進など），反社会行動（万引きなど），易怒，常同行動など，**言動・人格の変化**が目立ちやすい。数としては少ない。

認知症様の症状が出る他の病気

i）慢性硬膜下血腫

軽微な頭部外傷の1～3ヶ月後（頭を打ったことなどを忘れたころ）に発症する。外傷部分の硬膜の下に徐々に血液が溜まり，脳を圧迫することで起こる。頭痛，歩行障害（ふらつく，足が上がらない），血腫と左右反対側の運動障害のほか，物忘れ，性格変化などみられやすい。酒飲みの高齢者に多い（酔っぱらって頭を打つなどのため）。血腫の除去で改善する。

ii）正常圧水頭症

脳脊髄液が徐々に溜まり，ゆっくり脳室が拡大することで脳を圧迫する病気。認知症の症状と歩行障害（慢性硬膜下血腫と同様），尿失禁などが生ずる。高齢者で，くも膜下出血，頭部外傷，髄膜炎などのあとに，あるいは先行する疾患なしで起こる。余分な脳脊髄液を除くシャント手術で回復する例が多い。

iii）単純ヘルペス脳炎

わが国で最も頻度の高い脳炎で（脳炎全体の2割），どの年齢でも起こり，致死率が高く（1～2割），認知症などの後遺症が残ることも多い。

普段は神経組織内におとなしく潜んでいる単純ヘルペスウイルスが，過労などで免疫機能が低下した時に増殖して起こる場合が多い（**日和見感染**とよばれる）。ただし新生児では産道感染による全身のウイルス血症から発症する。

救命と後遺症予防のためできるだけ早く抗ヘルペスウイルス薬の投与を始める必要がある。**側頭葉**に好発し，発病初期には**人格変化・行動異常**や記憶障害が認められることが多いため，最初に精神科を受診する例もある。脳炎を見落とさない注意が必要。

iv）梅毒

梅毒トレポネーマによる感染症で，感染者との性交で罹患する。皮膚，骨，肝臓などのほか，神経も侵される。感染後数年までは髄膜や神経の血管が侵され，その後は神経そのものが破壊され，**人格変化**，**記憶障害**，**行動の変化**などが出現する。最終的には重度の認知症となるほか，四肢の麻痺も起こる（**進行麻痺**とよばれる）。脊髄への感染で下肢の電撃痛，腱反射の消失などもみられる（**脊髄癆**（せきずいろう）とよばれる）。

梅毒トレポネーマの駆逐には**ペニシリン**が有効だが，神経を含め破壊された組織は元に戻らないので，早期の治療開始が必要となる。以前は精神科病院の長期入院患者のかなりの割合を神経梅毒（進行麻痺）が占めていたが，ペニシリンの普及により激減した。ただし近年，梅毒は再び急増しており，注意が必要である。感染の有無は**血液検査**でわかる。

v）HIVへの感染と脳症

ヒト免疫不全ウイルス（**HIV**：エイズウイルス）により免疫機能の低下が起こる。主な感染経路は**性交**だが，感染者の血液を介した感染（汚染された注射器の使用等），母子感染（分娩時の母親の血液や，胎盤，母乳を経た胎児・新生児への感染）もある。根本的治療法はなく，抗HIV薬での治療が不十分な感染者では，感染数年～10年前後で**エイズ**（**AIDS，後天性免疫不全症候群**）を発症する。全身性の免疫不全から，通常なら無害なはずのさまざまな病原体による感染症（**日和見感染**）と悪性腫瘍が起こり，高率で死亡する。

HIV感染では脳機能にも影響が起こる。免疫不全が起きると，さまざまな脳の感染症のほか，**HIV脳症**による認知障害（思考の遅鈍化，発動性の低下，記憶障害など）と運動機能障害がみられる。免疫不全が起きる前でも，物忘れ，注意・集中力・意欲の低下などの軽度～中等度の認知障害を起こしやすい。

またHIV感染者では，さまざまな精神疾患（全般性不安症，PTSD〈心的外傷後ストレス障害〉，強迫症などの不安症やうつ病等）がみられやすい。うつ病では，HIVによる脳への直接的傷害と社会心理的要因（感染後の慢性的ストレスや社会的孤立の悪化等）の両方が影響する。HIV感染の後期には認知機能障害を伴った躁病が起こることもある。これらの精神症状はHIV治療の継続を妨げ，他の人に感染させるリスクが高い行動も助長するため，要注意である。

HIV感染者では，大きな心理的衝撃である「感染判明」の時点からその後まで，精神療法の必要性が高い。個人療法，集団療法ともにさまざまな技法による精神療法が行われる。

7.8節　神経変性疾患

明らかな誘因なく，特定の種類の神経細胞が障害され失われていく病気。慢性に進行し，（亡くなるまで）長期間にわたり生活が障害されるため，心理職のケアが必要な例も多い。**パーキンソン病**（中脳黒質のドーパミン神経の脱落，p.71参照），**筋萎縮性側索硬化症**（ALS，運動神経の変性，p.66参照）のほか，**認知症**も血管性以外は神経変性疾患である。また脊髄小脳変性症，ハンチントン病，脆弱X症候群など，原因遺伝子が明らかになっている疾患もある（遺伝カウンセリング（14章）の対象となりうる）。

7.9節　脱髄疾患

脱髄とは，有髄線維（p.62参照）の**髄鞘**が壊れていくことで，軸索での信号の流れが障害されて，その神経の働きが失われる。原因不明の炎症のほか，ウイルス感染（**麻疹**感染後の亜急性硬化性全脳炎），中毒（**一酸化炭素中毒**後の淡蒼球の脱髄）などでも起こる。ここでは最も代表的で，心理職のケアが必要な例も多い多発性硬化症について説明する。

多発性硬化症

中枢神経系のいたるところに原因不明の炎症性脱髄病変が起こり，病変部位に応じたさまざまな神経症状（**視力障害**，**脱力**，痺れ，激痛を伴う筋強直，精神症状など）が，再発と感懐をくり返しながら進行する。自己免疫の機序が疑われ，15～50歳の女性で発症が多い。

進行すれば運動機能が低下して車椅子生活となる。精神症状としては**記憶力の障害**のほか，**抑うつ気分**，**パーソナリティ変化**などが多くみられる。このため，うつ病やパーソナリティ障害など，他の精神疾患と間違えられることがある。

章末演習問題

以下の各問の正誤を答えよ。

問1　筋萎縮性側索硬化症（ALS）は，大脳運動野の運動神経の細胞と脊髄後角の細胞の変性により，筋肉の萎縮が進行する難病である。
□正　□誤

問2　パーキンソン症候群は，中脳の黒質で始まり大脳辺縁系にいたるドーパミン神経の機能低下により起こる。　□正　□誤

問3　小脳障害では，前傾姿勢で歩幅の小さな突進するような歩行となる。
□正　□誤

問4　前頭側頭型の認知症では鬱状態がみられやすく，幻視を伴うこともある。　□正　□誤

問5　くも膜下出血では出血した血液が少しずつたまって，歩行障害や尿失禁，認知症のような症状が出現する。　□正　□誤

問6　交感神経の働きが強い時は，だ液などの消化液の分泌が増える。
□正　□誤

問7　脳梗塞は動脈硬化のほか，心臓の不整脈や弁膜症でも起こりやすくなる。　□正　□誤

問8　脳卒中のリハビリテーションでは，病状が安定したことを見極めるため，発症後十分時間が経ってから始めることが大切である。
□正　□誤

問9　一次運動野を出た運動神経は，視床で2番目の神経細胞にバトンタッチして，延髄の錐体で左右交差，脊髄の前角細胞で3番目の神経細胞にバトンタッチする。　□正　□誤

問10　抗精神病薬は，辺縁系（側坐核）のドーパミン受容体をブロックして精神病症状を鎮める。　□正　□誤

第8章 皮膚とその病気

8.1節 皮膚の役割

皮膚は体の表面を覆って，病原体などからの感染防止[1]，体液の保持，体温調節（発汗や血管の収縮・拡張，毛などで），触覚・温痛覚などの感覚受容器の役割を果たしている。

皮膚の構造

皮膚は外側から，表皮，真皮，皮下組織で構成される（**図8.1**）。**表皮**で一番多いのは**角化細胞**（ケラチノサイト）で，表皮の一番底で基底細胞として作られ，だんだん外側に移動するにつれ角化し（ケラチンが増え），最後は**垢**として剥がれ落ちる（**図8.2**）。ほかには，皮膚の色素（メラニン）を作る**色素細胞**（メラニン細胞），皮膚感覚に関与するメルケル細胞，免疫に関与するランゲルハンス細胞が含まれる。**真皮**は**結合組織**で，強度維持のための**膠原線維（コラーゲン）**と水分保持のための**ヒアルロン酸**などからなり，それらを作る線維芽細胞のほか，免疫細胞，血管，リンパ管，神経，触覚や圧覚・痛覚の受容器，毛，汗腺，皮脂腺が存在する。汗腺には全身の皮膚に分布するエクリン汗腺と，外陰部やわきの下など限られた場所に分布するアポクリン汗腺の2種類がある。前者の汗は99％が水分で，体温調節（気化熱による冷却）に役立っている。後者の汗は粘度が高く，臭いも強い。臭い（フェロモン）で異性を誘うことが元々の役割と考えられる。**皮下組織**は皮膚を筋肉，骨などと結びつけていて，大部分は脂肪組織（**皮下脂肪**）である。

1　口やのど，性器などの粘膜と違って，健康な皮膚からは細菌やウイルスが侵入することはないので，感染等を恐れて過剰に皮膚を洗う必要はまったくない。むしろ強迫症などで皮膚を洗いすぎると，皮膚は傷つきやすくなり，かえって感染のリスクが高くなる。

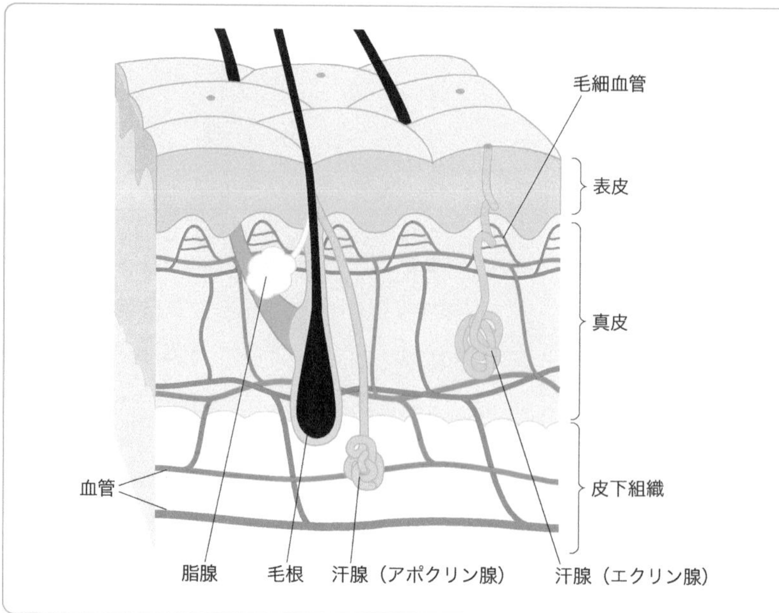

図8.1　皮膚の構造の概観

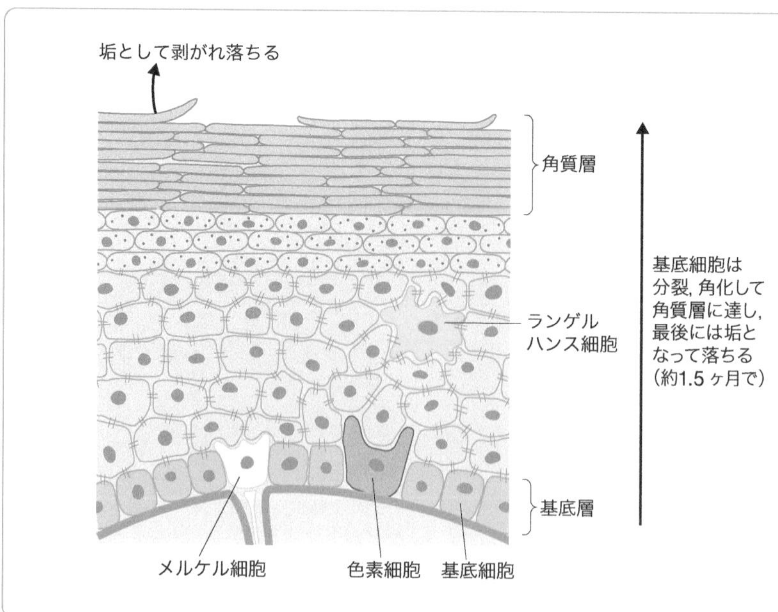

図8.2　表皮の構造

8.2節 皮膚の変化と病気

i）シミ（色素沈着）としわ

加齢で増えるが，紫外線（日光等）も大きく影響する。

ii）日焼け

日光などの紫外線による皮膚の障害で，いわゆる日焼け（発赤や水疱）のほか，色素沈着（しみ），しわ，皮膚がんなどの原因となる。紫外線はビタミンD合成を促すが，通常の食事をとっていれば，そのために無理に紫外線をあびる必要はない。

iii）いぼ

正式には尋常性疣贅（ゆうぜい）という。ヒトパピローマウイルス[2]（HPV：Human Papillomavirus）が皮膚の細かい傷から表皮の角化細胞に感染し起こる。主に若い人の手掌，足底，顔面，首に起きる。治療は凍結療法，電気凝固，レーザー治療など。

iv）薬疹

薬剤摂取で起こる皮膚疾患の総称（Ⅳ型アレルギーが最多）。皮膚だけでなく，口，陰部，目など**粘膜**にも起こる。原因薬剤の中止が必要。またスティーブン・ジョンソン症候群など重症の場合は生命に関わるので，入院治療（ステロイドの全身投与，血漿交換，免疫グロブリンの大量投与など）が必要。解熱鎮痛薬，抗菌薬，抗てんかん薬は薬疹を起こしやすい。なお高齢者や精神疾患患者では複数の薬を服薬していることが多く，原因薬剤の同定が難しいこともある。

v）アトピー性皮膚炎

痒みの強い左右対称性の発疹が，顔や首，肘の内側，膝裏などに出現する。**乳幼児期**に好発し，長年にわたり増悪・寛解をくり返すことが多く，患者（児）には大きなストレスとなる。冬～春に悪化しやすい。**保湿剤，ステロ**

2　子宮頸がんもヒトパピローマウイルスで起こるが，皮膚のいぼの原因となるパピローマウイルスとはタイプが異なる。

イドなどの塗り薬，痒さ対策には**抗ヒスタミン薬**が用いられる。

vi）悪性腫瘍

最も多いのは表皮の基底細胞のがん（**基底細胞がん**）で，**中年以後**，鼻を中心とした顔面正中部で起こりやすい。治療は外科切除（転移は稀）。ほかに**悪性黒色腫**（色素細胞のがんで，**高齢者**の**足底**や手などに起こり，悪性度が高い）などがある。

vii）ヘルペスウイルス感染症

単純ヘルペス感染症（単純疱疹）と**帯状疱疹**があり，いずれも普段神経内におとなしく潜んでいるウイルスが，**疲労**や**ストレス**などで免疫機能が低下した時に増殖し，**痛みを伴う水疱**が出現する。抗ヘルペスウイルス薬で治療する。

単純ヘルペスウイルスには，**口唇周囲**のヘルペス（HSV-1：顔面の三叉神経に普段は潜んでいる）と**性器ヘルペス**（HSV-2）がある。帯状疱疹は，水痘（水ぼうそう）ウイルスによるもので，水痘にかかったことのある高齢者で起こる。顔面や肋間に神経走行に沿って帯状に出現，痛みが強く入院治療がしばしば必要となる。**顔面**の**神経麻痺**や**耳**の障害をきたすこともある。

viii）麻疹

麻疹ウイルス感染症で，はしかのこと。小児（6ヶ月以上[3]）に多く，感染力が極めて強い。大人が感染すると生命に関わることも多い[4]。

ix）HIV（ヒト免疫不全ウイルス）感染症

感染初期は全身に皮疹（と粘膜疹）が出るが，2～3週で消失する。その後数年～十数年無症状だが，免疫不全（AIDS エイズ）の状態になると，ヘルペスなどのさまざまな感染症，**カポジ肉腫**などの悪性腫瘍が出現する。

3　生後6ヶ月までは胎内で母親から得た抗体で守られているため，乳児の感染症は一般に6ヶ月以後に増える。

4　江戸幕府の五代将軍，徳川綱吉は麻疹で亡くなっている。またインカ帝国など新大陸（アメリカ大陸）の住民が少数のスペイン人に敗北した主な原因は，スペイン人が初めて持ちこんだ（それまで新大陸になかった）麻疹と天然痘により住民の多くが亡くなったためと考えられている。

x）白癬

俗称「**水虫（足，手，爪）**」「いんきんたむし（股陰部）」「しらくも（頭）」「ぜにたむし（それ以外の体部）」のこと。真菌感染症で**ケラチン**（角質）を栄養に繁殖するため，皮膚のほか**爪**にも起きる。抗真菌薬で治療する。薬は塗るだけでなく，内服が必要なこともある。

xi）膠原病

英語ではcollagen disease。皮膚の真皮は膠原線維（コラーゲン；collagen）に富んでおり，関節など他の結合組織と同様，自己免疫疾患である膠原病のターゲットとなりやすい。**全身性エリテマトーデス**（p.56参照），**強皮症**（皮膚が固くなっていく病気で内臓に障害の出るものもある），**関節リウマチ**（膠原病の中で最も多い病気，p.134参照）などが含まれる。いずれも女性の方が男性より数倍，発症が多い。

章末演習問題

以下の各問の正誤を答えよ。

問1　皮膚は表皮，真皮，皮下組織の3層からなる。　□正　□誤

問2　表皮には角化細胞，色素細胞などがあり，角化細胞は時間とともに表皮の表面に移動し，最後は垢として剥がれ落ちる。　□正　□誤

問3　皮膚は結合組織を多く含み，強皮症や全身性エリテマトーデス（SLE）などさまざまな膠原病で侵されることがある。　□正　□誤

問4　アトピー性皮膚炎は中年以後に好発する。　□正　□誤

問5　薬疹は目や口唇などの粘膜にも起こる。　□正　□誤

問6　スティーブン・ジョンソン症候群への主たる対応は原因薬剤の中止である。　□正　□誤

問7　ストレスや疲労などによる免疫機能低下は，単純ヘルペスや帯状疱疹の原因となる。　□正　□誤

問8　皮膚のがんで最も多いのは悪性黒色腫で，子どもに多くみられる。　□正　□誤

問9　HIV感染では，感染後まもなく全身に発疹が出現するが自然に消失するため，気づかれにくい。　□正　□誤

第9章 感覚器(耳, 目, 鼻)の仕組みと病気

9.1節 耳の構造・働きと病気

耳には，①音や声を聴くこと（聴覚）と，②体の傾きや回転を感知すること（平衡感覚）の2つの機能がある。

A. 音が聴こえ，音の高低がわかる仕組み

音（＝空気の振動）は外耳道を通って，外耳と内耳の間をふさいでいる鼓膜を振動させる。鼓膜の振動は中耳の中にある耳小骨（ツチ骨，キヌタ骨，アブミ骨の3つ）で増幅されて内耳の入り口（前庭窓）を振動させる（**図9.1**）。

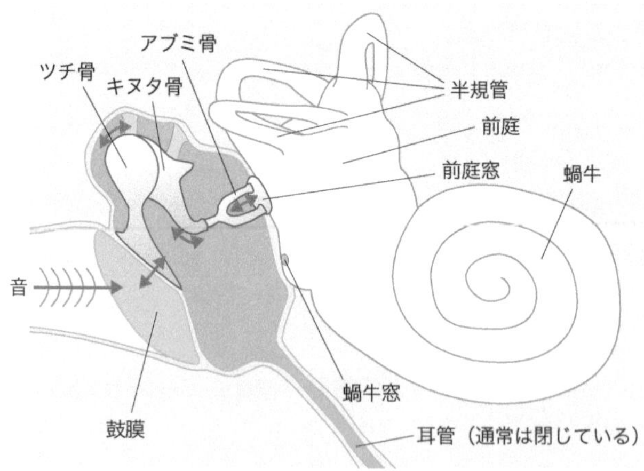

図9.1　**耳の構造**

前庭窓の振動は内耳を満たしているリンパ液を振動させ，渦巻き状の管（蝸牛とよばれる）の中を伝わっていく。リンパ液の振動は神経とつながった膜と細胞（有毛細胞）を振動させ，それが聴覚の神経（蝸牛神経）を刺激

して脳で音として感知される。その際，高い音ほど蝸牛の入り口近くの膜を，低い音ほど蝸牛の頂上の方の膜を振動させるので，刺激される神経が音の高さで違ってくる。これにより音の高さを認識できる。

B. 平衡感覚（体の傾き・回転を感知する仕組み）

体の傾きや回転は，それによって起こる内耳（前庭，半規管）のリンパ液の動きが神経を刺激し，感知される。「傾き」は前庭で，「回転」は半規管で感知され[1]，いずれも前庭神経を経て脳に伝わる。

C. 耳の病気・症候

難聴は感音性難聴（内耳から先（神経を含む）の問題で起こる）と伝音性難聴（音が内耳に伝わるまでの問題で起こる）に分けられる。

i）感音性難聴

①**加齢性難聴**：年をとると感覚細胞と神経の働きが低下し，聴覚がおちる。40代から目立ち始め，高い音ほど聞こえにくくなる[2]。

②**騒音の影響**：大きな音を聞き続けると，内耳のリンパ液の振動を神経に伝える部分（基底膜や有毛細胞）が壊れて難聴となる。イヤフォン，ヘッドフォン，スピーカーなどで大音量の音楽を聞き続けたり，工事現場や工場で騒音にさらされ続けることなどが原因となる。

③**突発性難聴**：片方の耳に突然起こる難聴で，40～60代に多く，ストレス，過労，睡眠不足，糖尿病などで起きやすい。有毛細胞の変性による。耳鳴り，めまい，吐き気を伴うことも多い。早く治療を始めれば半数程度は改善するが，開始が遅れると改善困難な病気。

④**その他**：感染症などさまざまな病気が原因となりうる。

ii）伝音性難聴

①**鼓膜の損傷**：顔面や頭部の打撲，外耳の炎症，耳垢の大量蓄積などで起こりうる。

1　半規管は3つあって互いに向きが90度異なっている。それぞれの半規管の中でリンパ液がどの程度ずつ動いているかを脳が瞬時に計算し，回転の方向がわかる仕組みとなっている。

2　同じ音楽を聞いても，若いうちは音の高いメロディー部分がよく聞こえるが，歳をとると伴奏やリズム楽器の低音の方がよく聞こえるようになる。

②中耳炎：中耳炎（次項参照）が悪化し，耳小骨が壊れると，難聴になる。

③耳小骨の障害：中耳炎で起こるほか，まれに耳小骨の骨化などで起こることがある。中耳が持続的に損傷され，難聴が著しい場合には，手術による人工中耳の埋め込みが行われることもある。

④耳垢塞栓症：文字通り，耳垢が溜まって外耳道をふさいだり，鼓膜の動きを妨げることで起こる。外耳動の炎症で滲出物が溜まることでも起こる。

iii）難聴以外の耳の病気と症候

①めまい：**回転性**（体がぐるぐる回るような）のめまいと，**非回転性**のめまいに分けられ，後者には，「ふわふわした」感覚のもの（浮動性のめまい）と「気が遠くなる・目の前が真っ暗になる」感覚のもの（前失神性のめまい）がある。原因には，1）**内耳**の障害，2）**脳血管障害**など脳の障害，3）循環器系に関わる問題（**起立性低血圧**や**不整脈**など），4）精神科的問題（**不安**や**うつ**，睡眠不足，自律神経機能の問題など）がある。

このうち1）内耳の障害では**回転性めまい**が多く，**メニエール病**（過労やストレスなどで内耳のリンパ液の浮腫が生じ，前庭や半規管が過剰に刺激されて起こり，耳鳴り・難聴も伴いやすい）のほか，良性発作性頭位めまい[3]，前庭神経炎などがある。一方，2）脳の障害（小脳出血，脳梗塞，聴神経腫瘍など）や3）循環器系の問題で起こるめまいは非回転性のめまいが多い。

②耳鳴り：内耳の刺激や障害によるもの（**突発性難聴**や**メニエール病**，**加齢性難聴**に伴う耳鳴り等），高血圧や腫瘍（聴神経腫瘍など）によるもの，頭蓋内の血管の異常によるもの（拍動性の耳鳴りとなる）などがある。

③中耳炎：疲労やストレスなどで免疫機能が低下したとき，風邪をこじらせたときなどに，**のどの細菌やウイルスの感染**が，**耳管**経由で中耳に波及して起こる。細菌性なら抗生物質で治療する。炎症の悪化が続けば，耳小骨の損傷により難聴（伝音性難聴）となることがある。

3　蝸牛の耳石がはがれ，半規管内のリンパ液に入り込んで起きる。

9.2節　目の構造・働きと病気

A. 目の構造と仕組み

目の構造はカメラに似ていて，①光が通る部分，②ピント（焦点）を合わせる仕組み，③フイルムに相当する部分（網膜）と，それらを外から包む**強膜（前方は角膜につながっている）**に分けられる（**図9.2**）。

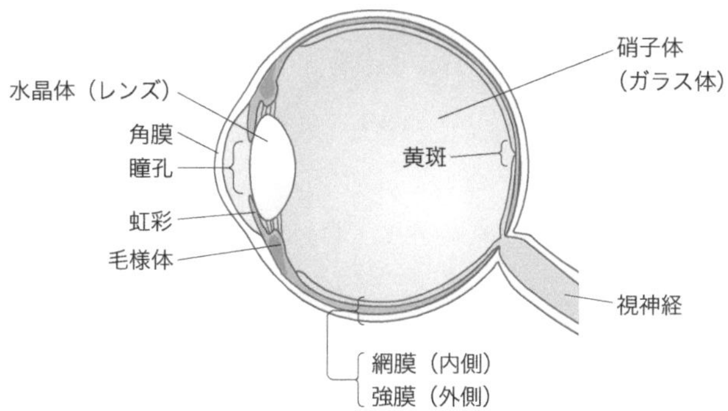

図9.2　目の構造（右目を上から見た図）

①**光が通る部分：角膜（いわゆる「黒目」の部分），水晶体（レンズ），硝子体（ガラス体）**からなる。いずれも透明で，この3つのどれが濁っても，視力は低下・消失する。水晶体の前面には虹彩があり，外の明るさに応じて瞳孔の大きさを変え，目に入る光の量を調整している。「光が通る部分」の病気には**角膜炎，白内障**などがある。

②**ピント（焦点）を合わせる仕組み**：見ようとする物の距離に応じて，**水晶体の端についている毛様体が伸び縮みし，レンズの厚みを変える**ことでピントが調整される。

③**網膜（フイルムに相当する部分）**：網膜は光を感知する視細胞（**杆体**と**錐体**）の層と，視細胞での光の感知に反応する神経細胞の層で構成される。神経細胞の反応は，視神経を通じて脳（**後頭葉**の視覚野）に伝わり，視覚情報（画像）が得られる。網膜の病気には，**糖尿病**や**高血圧**による網膜症，**緑内障，網膜剥離，色覚異常**などがある。

Column 涙

目の表面は常に涙で覆われて保護されている。涙は上瞼の耳側に位置する**涙腺**で常に（泣く時だけでなく）分泌され，鼻側の涙小管・涙嚢を経て鼻腔に流れる。泣いたときに目から涙があふれるのは，鼻腔への排出量を超えて涙が分泌されるからで，泣いた時に鼻水も出るのは，鼻腔に流れ出る涙が増えるからである。

B. 色を識別する仕組み

視細胞には杆体と錐体の2種類がある。杆体は光の強さを，錐体は色を感知する。ヒトの錐体は反応する色（主に赤，緑，青）に応じて3種類あり，反応する錐体の割合を脳が瞬時に計算して色を識別する（**図9.3**）。

錐体は，光がある程度強くないと反応しない。一方，杆体はごく弱い光にも反応する。このため非常に暗い場所では杆体のみが働き，色のない白黒でしか見えない（自分で試してみるとよくわかる）。

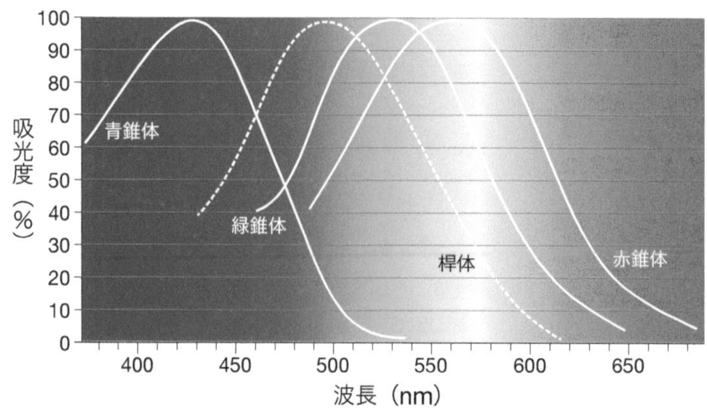

図9.3　錐体と桿体の吸光度の違い

C. 視野の右半分は左脳に，左半分は右脳に

体の右半分がキャッチする感覚情報は左脳に，左半分がキャッチする情報は右脳にまず入るが，視覚も同様。視野の右半分のものは，網膜の左半分に像を結んだのち，左脳にまず入力され（**図9.4**の赤い線），左半分のものは

同様に右脳にまず入力される（図9.4の青い線）。

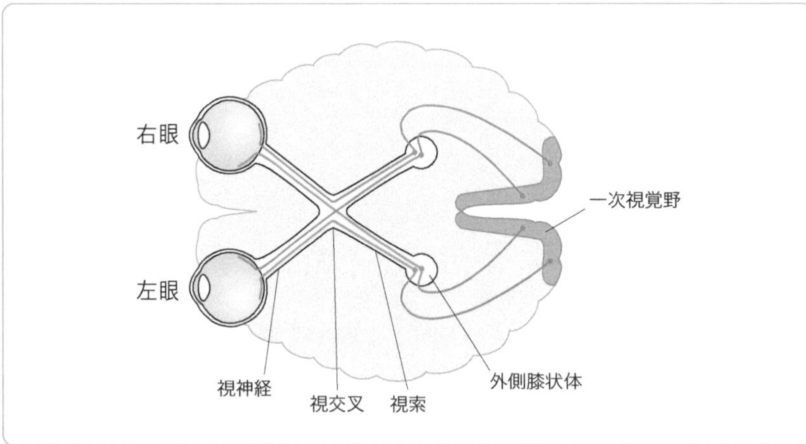

図9.4　視野の右半分は左脳に，左半分は右脳に

D. 目の病気と症候

i）角膜炎

細菌感染や紫外線で起こる。進行して角膜が濁ると，視力を失う。角膜は自然には再生しないので，角膜炎で失われた視力は角膜移植によってしか回復できない。スキー場や電気溶接作業等でゴーグルを使うのは，紫外線による角膜炎（雪目：snow eyes）を防ぐため。

ii）白内障

水晶体の透明度が落ちる病気。中高年ではかなりの頻度でみられるが（病気というより老化），糖尿病，紫外線や赤外線（人工の日焼け装置など），アトピー性皮膚炎，母胎内での風疹感染などの要因でも起こる。外から見ると瞳孔が白く濁ってみえる。人工の水晶体への置換手術が行われる。遠近の焦点調節ができなくなる点を除けば，視力は手術で大幅に改善する。

iii）近視

眼球の奥行の長さ（水晶体と網膜との距離）が長くなりすぎて起こる目の病気。遠くを見る際，水晶体の厚さで調節しきれず，網膜より手前に像がむすばれるため，ぼやけて見えてしまう。凹レンズの眼鏡やコンタクトレンズで矯正する。日本人では元々近視が多かったが，特に近年は，子どもの頃からの勉強やテレビ，スマホ，タブレットなどによる近くの見過ぎで，近視は増加している。眼球の大きさが伸びる成長期には，近視も起こりやすい。なお，近視が強い人は，網膜剥離（下記vi参照：手当てが遅れると失明に至る）が起きやすいので注意が必要。

iv）遠視

近視と反対に，眼球の奥行が短いために起こる。近くのものがぼやけて見える。凸レンズで矯正する。

v）老眼

老化により水晶体の弾力性が失われ，毛様体が収縮しても水晶体の厚みが増さず，近くのものが見えにくくなる。40代頃から始まる。

vi）網膜の病気

網膜は一部分だけでもダメになると，その部分は見えなくなる（**視野欠損**）。水晶体のように人工物への取り換えや，近視・遠視・老眼のように眼鏡で調整することはできない。網膜は神経と血管に富んでいるので，糖尿病や高血圧でダメになりやすい（**糖尿病網膜症**，**高血圧性網膜症**）。神経病変による障害も多い（**緑内障**，黄斑変性など）。網膜の病気は，網膜の中でも視力の中核となる中心部（**黄斑**[4]）に病変が生じないかぎり，相当進行するまで気づかれないことが多い。糖尿病網膜症などの場合，**硝子体出血**や**網膜剥離**が起きるまで自覚症状はほぼ皆無なので，糖尿病の人は眼底の定期的なチェックが必要である。網膜剥離は外傷でも起こりうるが，近視の人では起きやすい。突然視野の中に黒い部分が生じた時は網膜剥離の可能性が高く，急いでレーザー手術，薬剤投与などの治療を受け，剥離を抑える必要がある。

vii）色覚異常

ほとんどが先天性のもので，赤と緑の区別のつきにくい赤緑色覚異常が最も多い（日本人では男性の5%，女性の0.2%）。多くは赤錐体の問題（欠

---

4 「太陽を直接見てはいけない」と子どもの頃に言われたと思うが，これは黄斑の障害により視力の著しい低下が起こるためである。

損または反応する色の範囲が通常と異なる）によるが，緑錐体の問題で起こることもある（**図9.5**）。

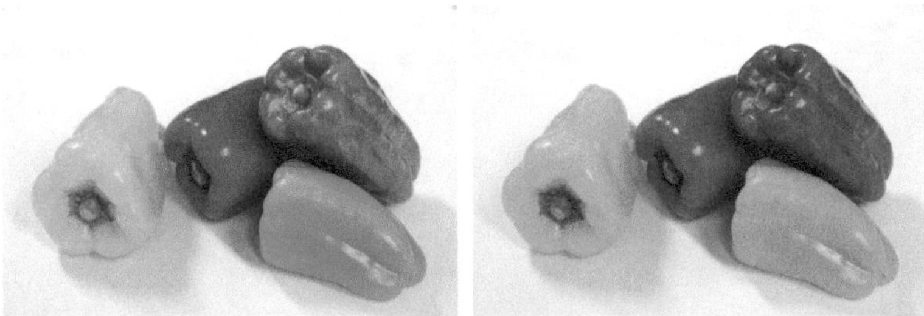

図9.5　赤緑色覚異常の見え方の模擬写真（右）（写真撮影・シミュレーション処理：NPO法人CUDO 伊賀公一氏）
注釈：この写真は色の見え方を模擬的に電子処理したもので，実際の見え方はこの通りではありません。また，その色の見え方は人によって異なります。

9.3節　鼻の構造・働きと病気

においのもとは，空気中を漂う化学物質である。これが鼻の天井部分にある嗅上皮の受容体に結合して嗅神経を刺激，信号が嗅球を経て脳に伝わり，「におい」として知覚される（**図9.6，コラム**）。

ヒトを含め動物はきわめて多くのにおい（数十万種類）を嗅ぎとることができる（個人差はある）。

嗅覚は視覚や聴覚より仕組みが単純で（空気中を漂う化学物質が受容体に結合するだけ），目や耳の発達していない原始的な動物にも備わっている。ヒトでも，嗅覚からの情報を処理する神経中枢（嗅球）は脳の中で最も古く単純である。なお嗅覚の中枢は，生存と生殖に関わる中枢（視床下部や大脳辺縁系）とのつながりが深い。

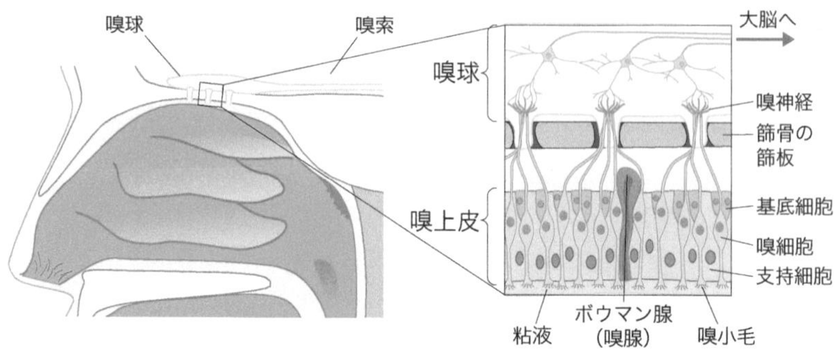

図9.6　においの知覚

Column　嗅覚

嗅覚は，①食べ物探し，②敵や害になるものの感知（他の個体の縄張りの感知）と，③性行動の相手探し（フェロモンが分泌される異性の尻のにおいを嗅いで，生殖行為の相手として適しているかを知る），など，生存・生殖に極めて重要な役割を果たしている。人間の場合，③は視覚，聴覚からの情報と社会的情報（地位や収入）の役割が大きいと考えられているが，嗅覚の影響も無視できない。実際，ほとんどの化粧品にはウットリさせるような香りがつけられている。

鼻の病気

i）感染性鼻炎

ウイルス感染による風邪の一症状として起きることがほとんど。風邪のあとに細菌感染が続くこともある。

ii）アレルギー性鼻炎

小児に多いハウスダストなどによるものと，10～20代以降に発症する季節性のもの（花粉症）がある。小児のアレルギー性鼻炎では喘息やアトピー性皮膚炎の合併が多い。

iii）副鼻腔炎

感染やアレルギーなどで起こる副鼻腔の炎症（いわゆる蓄膿症）。多くは風邪に続いて起こり1週間程度で改善するが，慢性化することもある。上の臼歯（奥歯）の虫歯や歯周病が上顎洞まで波及して起こるもの，真菌感染で起こるものもある。

iv）上顎洞癌

中高年男性に多い。慢性副鼻腔炎が要因として考えられている。慢性副鼻腔炎の減少とともに上顎洞癌も減っている。

9.4節　舌と味覚の構造・仕組み

舌には，1）食べ物・飲み物を**飲み込む**，2）言葉の**発音**，3）**味**をキャッチする，の3つの役割がある。このうち1と2は横紋筋としての舌の働きで，実際，舌は外から見える部分よりずっと下まで続く大きな筋肉の塊である。

3は舌の表面にある**味蕾**（にある化学物質の受容体）の役割である。味覚とは水分に溶けた化学物質を感知することで，人間が味として感知するのは**糖分（甘味）**，**アミノ酸（旨味）**，**塩分（しょっぱさ）**，**酸（酸っぱさ）**，**苦み**の5種類で，味蕾もそれに応じて5種類ある（辛みは痛覚刺激で生ずるもので，味覚とは異なる）。これによって，糖分やタンパク質，塩分（ミネラル）などの必要な栄養分を選んで摂取することが可能となる。なお，酸や苦みは，腐敗物や毒物の検知に元々は役立っていたと思われる。

Column　味覚と嗅覚

味覚と**嗅覚**は**化学物質**の感知という点で共通している。ただし嗅覚が空気中の化学物質の感知なのに対して，味覚は水に溶けた化学物質の感知という点が異なっている。食べ物の「味」は，この両方を総合したもので，食べ物の中の揮発性の成分は鼻で匂い（香り）として，水溶性の成分は舌で味覚として感知し，さらに痛覚刺激である「辛み」が加わり，それら全体で「味」が決まってくる。

章末演習問題

以下の各問の正誤を答えよ。

問1　外耳には3つの耳小骨があって，音波による鼓膜の振動を増幅して内耳に伝えている。　□正　□誤

問2　中耳では咽頭の感染が伝わって中耳炎が起きることがある。　□正　□誤

問3　音や体の傾き・回転は，内耳のリンパ液の振動や動きを感知することで知覚している。　□正　□誤

問4　メニエール病では内耳のリンパ液の過剰により，めまいのほか，耳鳴りや難聴も起こる。　□正　□誤

問5　緑内障は水晶体（レンズ）が濁る病気，白内障は網膜の変性が起こる病気である。　□正　□誤

問6　糖尿病網膜症では，硝子体出血や網膜剥離が起こるまで自覚症状がほとんどなく気づきにくい。　□正　□誤

問7　日本人の先天性の色覚異常の多くは赤緑色覚異常で（男性の5%，女性の0.2%にみられる），網膜にある3種類の錐体のうち，赤周辺の色を感知する錐体の遺伝的変異で起こる。　□正　□誤

問8　近視の強い人では網膜剥離が起きやすい。　□正　□誤

問9　「におい」は空気中の化学物質を感知することで得られる。　□正　□誤

問10　上顎洞癌は若い女性に多い。　□正　□誤

問11　舌の味蕾には，「甘さ，しょっぱさ，酸っぱさ，苦さ，からさ」のそれぞれを感知する5種類がある。　□正　□誤

第10章 アルコール依存症，薬物依存，ギャンブル障害，ゲーム障害

10.1節 総論

アルコールのように，使用（摂取）することで精神機能に影響を与える物質を**精神作用物質**という。精神作用物質にはさまざまな種類があるが，使うことで快感が得られ，使っているうちに，それを使いたいという強い欲求（**渇望**（かつぼう））を生じるものが多い。また，精神作用物質の使用をくり返すうちに，同じ効果を得るために必要な量が増えていくことがある（例えば，アルコールを飲み始めたばかりのころは，コップ1杯のビールで酔って気分良くなっていた人が，飲酒をくり返すうちに，何杯も飲まないと酔えなくなるかもしれない）。この現象を**耐性**とよぶ。

こういった精神作用物質は，その使用をくり返すうちに，自分の身体や生活に重大な問題が生じているのにやめられなくなることがある。この状態を**物質依存**という。物質依存には，精神依存と身体依存がある。**精神依存**とは，その物質の使用により生活や健康に重大な問題が生じているのに，渇望のために物質使用をくり返してしまう状態のことである。**身体依存**とは，物質使用をくり返すうちに，体にとってその物質がある状態が当たり前になってしまうために，急に使用を中止すると冷や汗や手の震えなどの不快な身体症状（**離脱**症状という）が生じ，それを避けるために物質使用をくり返してしまう状態のことである。

さらに，依存の有無にかかわらず，社会的に認められないようなやり方で物質を使用することを**物質乱用**とよぶ。例えば，覚醒剤の使用は法律で禁止されているので，一度でも使用したら物質乱用といえる。

また，ギャンブルやゲームなどの行動は，くり返すうちに，それをしたいという強い欲求（渇望）が生じてやめられなくなり，生活に重大な問題を生じることがある。この状態を，**行動嗜癖**（しへき）という。さらに，物質依存と行動嗜癖をまとめて**嗜癖（アディクション）**とよぶこともある（**図10.1**）。

病名に関しては，一般用語と，アメリカ精神医学会の診断基準（DSM）やWHOの診断基準（ICD）による用語が異なる場合があり，混乱しやす

いので，**表10.1**にまとめておく。

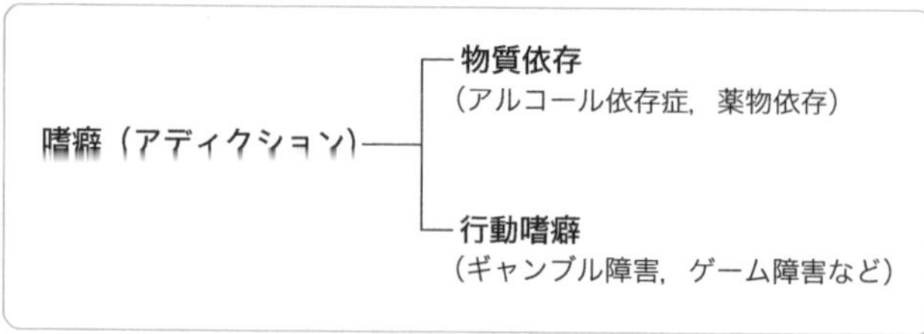

図10.1　嗜癖（アディクション）の分類

表10.1　嗜癖（アディクション）に関する一般用語と医学用語の違い（融ほか監訳（2005），髙橋ほか監訳（2014），樋口（2022）を元に筆者作成）

一般用語	ICD-10 WHOが1990年採択，日本では1995年より適用	DSM-5 アメリカ精神医学会が2013年出版	ICD-11 WHOが2018年公表，2019年承認。日本では2023年以降に適用予定
アルコール依存／アルコール依存症	アルコール依存症	アルコール使用障害	アルコール依存
薬物依存／薬物依存症	薬物依存	物質使用障害のうちアルコール使用障害を除くもの	物質依存のうちアルコール依存を除くもの
ギャンブル依存／ギャンブル依存症（注）	病的賭博	ギャンブル障害	ギャンブル行動症（ギャンブル障害）
ゲーム依存／ゲーム依存症	（記載なし）	正式な病名としては記載なし。「今後の研究のための病態」欄に，「インターネットゲーム障害」が記載されている。	ゲーム行動症（ゲーム障害）

注：さらに，法律用語では，遊技であるパチンコを含むことを明確化するため，**ギャンブル等依存症**という。

10.2節 アルコール依存症

A. アルコール依存症とは

アルコール依存症とは，エチルアルコール（エタノール）の使用（摂取）により，日常生活や社会生活に支障を来しているにもかかわらず，摂取する量，タイミング，状況のコントロールを失った状態のことである。ICD-10における，アルコール依存症の診断基準を**表10.2**に示す。

表10.2　ICD-10におけるアルコール依存症の診断基準（出典：ICD-10．一部改変）

過去1年間のうちのある期間に，以下の6項目のうち3項目以上が同時に存在した場合にアルコール依存症の診断が下される。 ①飲酒への渇望がある ②飲酒行動（飲酒開始，飲酒終了または飲酒量）をコントロールすることが困難である ③飲酒量を減らしたり，飲酒を中止した時に離脱症状が出現する ④耐性が生じている ⑤飲酒のために，それ以外の楽しみや興味が減り，飲酒にかける時間が増えている ⑥飲酒による有害な結果が起きていることを知りながら飲酒を続けている

アルコール依存症まで至らなくても，どのくらいの量を摂取すれば，「飲みすぎ」なのだろうか。このことに関して，厚生労働省が，健康日本21の中で，**表10.3**のような基準を示している。

表10.3　純アルコール摂取量についての基準（厚生労働省，健康日本21および健康日本21（第二次））

節度ある適度な飲酒	一日約20 g程度
生活習慣病のリスクを高める飲酒量	男性40 g/日，女性20 g/日
多量飲酒	一日に平均して60 g以上

註：純アルコール20 gは，ビールのロング缶（500 mL）1本分。

B. 疫学

これまでアルコールの使用に関して，2003年以降5年毎に，全国調査が行われている。最新の結果を**表10.4**に示す。

表10.4 アルコールの使用に関する全国調査の結果（尾崎ら，2020）

	アルコール依存症を生涯のうちで経験した人数*	アルコール依存症を過去1年のうちで経験した人数*	生活習慣病のリスクを高める飲酒量（男性40 g/日，女性20 g/日）を超える飲酒をしている人数*
2018年	54万人	26万人	1064万人

（*いずれも推定値）

一方で，アルコール依存症の治療を受けている人は，2017年には4.6万人であった（厚生労働省，患者調査）

これは，過去1年間にアルコール依存症を経験した人のうち，約5人に1人しか治療を受けていないことを意味する。このような，総患者数と治療を受けている患者数の落差のことを**治療ギャップ**とよび，解決すべき大きな問題として捉えられている。

C. アルコールにより生じる疾患

アルコールの摂取により，**図10.2**のように，さまざまな疾患が生じる。このほか生殖器系，末梢神経系などにも，さまざまな疾患が生じる。

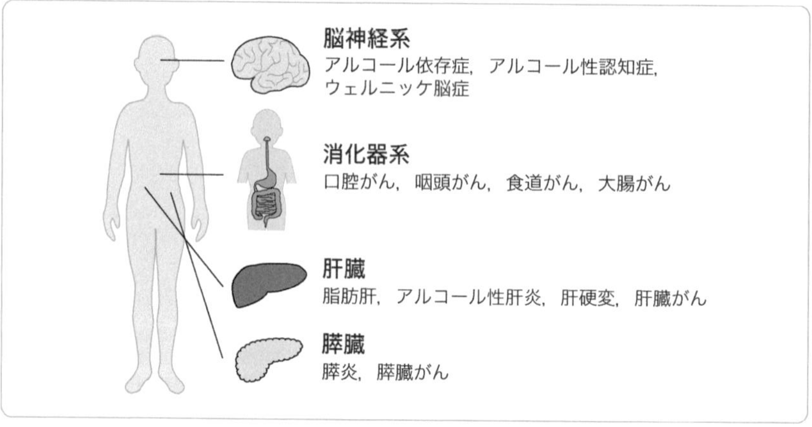

図10.2 アルコールの摂取により生じる代表的な疾患（宮田ほか，2019を元に筆者作成）

D. アルコールの作用

i) 酩酊

アルコールは，経口摂取されると，すみやかに脳内に移行し，脳の機能を抑制するように働く。これを**酩酊**という。

アルコールの血中濃度が上がるにつれて，**表10.5**に示すような酩酊の症状が認められる。

表10.5　アルコールの血中濃度と酩酊の症状（大熊，2008を一部改変）

アルコールの血中濃度	酩酊の症状
10～50 mg/dL	注意集中力の低下，軽い興奮状態，気分爽快・上機嫌，多弁・多動
50～100 mg/dL	運動失調や言語障害
200 mg/dL～	千鳥足，傾眠
400 mg/dL～	意識消失，反射の減退・消失，死の危険性

ii) アルコール離脱

大量かつ長期間にアルコールを摂取していて，急激に中止または減量すると，数時間から数日以内に，**アルコール離脱**とよばれる特徴的な身体症状，精神神経症状が出現することがある。

アルコール離脱の症状には，**早期離脱**とよばれる，飲酒を止めて6～24時間で始まる発汗，頻脈，発熱，手指振戦（手の震え），不眠，悪心・嘔吐，一過性の幻覚や錯覚，不安，けいれん発作などの症状と，**後期離脱**とよばれる，飲酒中止後72～96時間に多くみられる粗大な振戦（手足の震え），精神運動興奮（動作や言動が激しくなること），幻覚，見当識（けんとうしき）障害（自分の今いる場所，時間などがわからなくなること）などの症状がある。後期離脱は**振戦せん妄**とよばれることもある。

iii) ウェルニッケ脳症

アルコールを体内で分解するにはビタミンB_1が必要であるため，多量飲酒者においてはビタミンB_1が不足しがちである。このビタミンB_1の不足により，意識障害，眼球運動障害，小脳失調を特徴とする**ウェルニッケ脳症**が生じることがある。眼球運動障害としては，眼球がまったく動かなかったり，眼振とよばれる細かい眼の震えがみられる。小脳失調は小脳の働きが悪くなって，立ったり座ったりしたときに体がふらついて倒れたり，手足を思う通りに動かせなくなる症状である。また，ウェルニッケ脳症に続いて，**コルサコフ症候群**という，記憶力に関する後遺症が残ることがある。コルサコフ症候群では，今，自分がどこにいるかわからなくなったり（**見当識障害**という），新しいことを覚えることができなくなったりする（**記銘力障害**という）。コルサコフ症候群は**健忘症候群**ともいう。

E. 治療

i）解毒

飲酒を中止する。離脱症状が重篤になる可能性がある場合は，入院治療も考慮に入れる。ウェルニッケ脳症を防ぐためにビタミンB_1を含むビタミン類の補給を行う。離脱症状を防ぐためにベンゾジアゼピンの投与を行う。

ii）疾病教育

アルコールによって，さまざまな精神症状，身体症状が生じ，日常生活や社会生活に支障を生じること，逆に，アルコールの摂取をやめれば（**断酒**という）回復に向かえることを説明する。疾病教育は**アルコール・リハビリテーション・プログラム**（ARP）とよばれるプログラムに沿って行われることも多い。

アルコール依存症の治療については，本人の動機づけが薄い場合も多いが，その場合は**動機づけ面接（コラム）**とよばれる技法を用いて，本人の治療への動機づけを高めることが大切である。その際，**トランスセオレティカルモデル（コラム）**から生まれた**変化のステージ**の概念が有用である。

iii）自助グループ

断酒の継続のためには，治療の早期から，**アルコホーリクス・アノニマス**（AA）や**断酒会**のような自助グループに参加することを勧めることが重要である。自助グループに参加し続けることで，患者は参加者と体験や成功例を共有し，断酒継続への動機づけを高めることが可能になる。

iv）薬物療法

アルコール依存症の治療に用いられる薬物を**表10.6**にまとめた。

Column 動機づけ面接

動機づけ面接（motivational interviewing：MI）とは，米国ニューメキシコ大学のミラー（Miller）と英国カーディフ大学のロルニック（Rollnick）によって開発された面接技法である。その起源は，1970年代後半に，ミラーが問題飲酒者に対する有効な治療法は何かを研究する中で，偶然，問題飲酒者の予後を左右する因子が支援者の共感性の高さであることを発見したことにさかのぼる。その後ミラーは，問題飲酒者の変わろうとする動機づけを高める要素は何かについて研究を進め，その技法をまとめ，MIと名付けた。

MIは，「変わりたいけど，変わりたくない」という，クライエントのもつ両価性を解消し，変化していくことを支援していく面接技法であり，上述のように，もともと依存症の領域での活用を目的に開発されたが，現在では，成人病の生活指導といった保健領域や，司法，教育，福祉など，さまざまな領域で活用されている。来談者の話を傾聴するという，協働的・来談者中心的な側面と，特定の目的に向かって来談者の動機と行動を引き出していくという，変化指向の側面をあわせもっていることが特徴である。

MIのスピリット（態度と心構え）は，パートナーシップ（partnership），受容（acceptance），思いやり（compassion），引き出す（喚起）（evocation），という4つからなる（頭文字をとってPACEとよぶ）。このうち受容はさらに，絶対的価値（absolute worth），正確な共感（accurate empathy），自立性のサポート（autonomy support），是認（affirmation）という4つの要素からなる。

MIを進める際には，関わる（engaging），フォーカスする（focusing），引き出す（evoking），計画する（planning）という4つのプロセスに沿って行う。

MIで用いられる中核的なスキルは，開かれた質問（open question），是認（affirming），聞き返し（reflecting），サマライズ（summarizing）の4つであり，頭文字をとってOARSとよばれる。

Column トランスセオレティカルモデル

トランスセオレティカルモデル（Transtheoretical Model：TTM）は，1970年代後半に，米国ロードアイランド大学のプロチャスカ（Prochaska）と，米国メリーランド大学のディクレメンテ（DiClemente）らによって開発された理論である。TTMの目的は，喫煙や飲酒といった自らの健康に関わる行動を変えようとする人が，どのような道筋をたどるのかを理解し，その変化を支援することである。TTMは，健康につながる行動（健康行動）を促進することを目指すヘルスコミュニケーションの分野における代表的な理論の1つとなっており，アルコール依存症や薬物依存などの物質使用の問題を理解するためにも活用されている。

TTMでは，変化のステージ（Stages of Change）を，下記の表のように5つに分けることが多い。このステージは，直線的に進行していくものではなく，時には元に戻ったりしながら進行していく。支援者は，自らが支援する相手が，現在どのステージにいるのかを意識し，そのステージに合った対応をすることで，相手の望ましい変化を促進することができる。

表　変化のステージ

ステージ	どんな時期か	支援者に勧められる対応
前熟考期	今後6ヶ月以内に自らの行動を変えるつもりがない	行動がもたらす影響等についての情報提供を行う
熟考期	今後6ヶ月以内に自らの行動を変えるつもりでいる	行動を変えることについてのメリットとデメリットについて話し合う
準備期	今後30日以内に自分の行動を変える準備ができている	変わる決心を励まして支え，どのように行動を変化させるかの計画（例：専門医の受診等）を支援する
実行期	自分の行動を変え始めてから6ヶ月以内である	喫煙や飲酒などの行動につながる引き金を同定し，それを避けるための方法を話し合う。また，引き金を避けきれないときの対処法について話し合う
維持期	自分の行動を変え始めてから6ヶ月以上経っている	新しい行動を維持していくことを支援し，達成できていることをほめる

表10.6　アルコール依存症に対する薬物療法（宮田ほか，2019を参考に筆者作成）

薬物の種類	作用	薬剤名
断酒補助剤（患者の断酒が前提となる）	脳内のNMDA受容体という部位に作用して，飲酒欲求を減らす	アカンプロサート
飲酒量低減薬（患者の減酒・節酒を助ける）	脳内のオピオイド受容体という部位に作用して，飲酒欲求を抑制し，飲酒量を減らす	ナルメフェン
抗酒薬	飲酒した際に気分不快や身体的に不快な症状を生じさせることで，その嫌悪刺激を通して断酒を継続させる。飲酒欲求を抑える作用はない	ジスルフィラム，シアナミド

v）スクリーニングテストとブリーフインターベンション

飲酒により心身に影響が生じている場合，早期に介入する手段として，**スクリーニングテスト**や，それに続いての**ブリーフインターベンション**が用いられる。スクリーニングテストは，簡単な質問表に本人が答えることで，本人のアルコール使用の状態が危険なものかを簡易的に示すものである。

スクリーニングテストとしては，**AUDIT（アルコール使用障害スクリーニングテスト）**，**新久里浜式アルコール症スクリーニングテスト**がよく用いられている。**表10.7**にAUDITの質問紙を，**表10.8**にその判定方法を示す。ブリーフインターベンションとは，1回15分から30分程度，2回から3回程度の介入で，本人の健康への不安，本人なりのアルコールにまつわる苦労などに焦点を当て，共感と励ましを行うことで行動変容を促していく手法である。ブリーフインターベンションでのゴールは通常は断酒であり，その際には表10.6に示した断酒補助剤や抗酒薬が併用されることもある。しかし，患者との話し合いの内容によっては，さしあたってのゴールが，断酒でなく飲酒量のコントロール（**減酒・節酒**）になる場合も多い。その際には，表10.6の飲酒量低減薬（表10.6の中段）が併用されることもある。

表10.7　AUDIT（アルコール使用障害スクリーニングテスト）（厚生労働省，保健指導におけるアルコール使用障害スクリーニング（AUDIT）とその評価結果に基づく減酒支援（ブリーフインターベンション）の手引き）

質問1	あなたはアルコール含有飲料（お酒）をどのくらいの頻度で飲みますか？	0点　飲まない 1点　1ヶ月に1度以下 2点　1ヶ月に2～4度 3点　週に2～3度 4点　週に4度以上
質問2	飲酒するときには通常どのくらいの量を飲みますか？ （注） ○「ドリンク」は純アルコール換算の単位で，1ドリンクは純アルコール換算で10グラムです。 ○1ドリンクはビール中ビン半分（250 mL），日本酒0.5合，焼酎（25度）50 mLに相当します。	0点　0～2ドリンク 1点　3～4ドリンク 2点　5～6ドリンク 3点　7～9ドリンク 4点　10ドリンク以上
質問3	1度に6ドリンク以上飲酒することがどのくらいの頻度でありますか？ （注） ○「6ドリンク」とは，ビールだと中ビン3本，日本酒だと3合，焼酎だと1.7合（300 mL）に相当します。	0点　ない 1点　月に1度未満 2点　月に1度 3点　週に1度 4点　毎日あるいはほとんど毎日

表10.7 （つづき）

質問4	過去1年間に，飲み始めると止められなかった事が，どのくらいの頻度でありましたか？	0点　ない 1点　月に1度未満 2点　月に1度 3点　週に1度 4点　毎日あるいはほとんど毎日
質問5	過去1年間に，普通だと行えることを飲酒していたためにできなかったことが，どのくらいの頻度でありましたか？	0点　ない 1点　月に1度未満 2点　月に1度 3点　週に1度 4点　毎日あるいはほとんど毎日
質問6	過去1年間に，深酒の後体調を整えるために，朝迎え酒をしなければならなかったことが，どのくらいの頻度でありましたか？	0点　ない 1点　月に1度未満 2点　月に1度 3点　週に1度 4点　毎日あるいはほとんど毎日
質問7	過去1年間に，飲酒後，罪悪感や自責の念にかられたことが，どのくらいの頻度でありましたか？	0点　ない 1点　月に1回未満 2点　月に1回 3点　週に1回 4点　毎日あるいはほとんど毎日
質問8	過去1年間に，飲酒のため前夜の出来事を思い出せなかったことが，どのくらいの頻度でありましたか？	0点　ない 1点　月に1度未満 2点　月に1度 3点　週に1度 4点　毎日あるいはほとんど毎日
質問9	あなたの飲酒のために，あなた自身か他の誰かがけがをしたことがありますか？	0点　ない 2点　あるが，過去1年にはなし 4点　過去1年間にあり
質問10	肉親や親戚，友人，医師あるいは他の健康管理にたずさわる人が，あなたの飲酒について心配したり，飲酒量を減らすように勧めたりしたことがありますか？	0点　ない 2点　あるが，過去1年にはなし 4点　過去1年間にあり

表10.8　AUDITの判定方法（厚生労働省，保健指導におけるアルコール使用障害スクリーニング（AUDIT）とその評価結果に基づく減酒支援（ブリーフインターベンション）の手引き）

AUDIT合計点数	判定	対応
0～7点	問題飲酒はないと思われる	「今のままお酒と上手に付き合っていきましょう」と伝える（介入不要）
8～14点	問題飲酒はあるが依存症には至らない	減酒支援（ブリーフインターベンション） 対象者自らが減酒目標を立て，飲酒日記をつけて減酒に取り組むことを支援する
15点以上	依存症が疑われる	アルコール依存症の疑いがあるため，可能なら精神保健福祉センター等と連携し，専門医療機関での治療（断酒等）につながるよう支援する

かかりつけ医等による飲酒量のスクリーニング（Screening），ブリーフインターベンション（Brief Intervention），専門医へのつなぎ（Referral to Treatment）を組み合わせた介入を，その頭文字をとってSBIRTとよぶが，日本では，さらに自助グループ（Self-help group）へのつなぎを追加した**SBIRTS（エスバーツ）**という形で行われることも多い（猪野ら，2018）。

vi）家族療法

アルコール依存症の人の家族は本人の飲酒により疲弊し，本人の飲酒を止めるよう叱責したり懇願したりするなど，効果的でない対処の仕方が身についてしまっている場合も多い。そのため，家族が本人とのコミュニケーションを改善し，上手に本人を治療に結びつけることができるような方法を学習することが望ましい。これを目的に，**コミュニティー強化とファミリートレーニング（CRAFT）**とよばれる技法が実践され，効果を上げている（Smithら，2012）。

10.3節　薬物依存

A. 薬物依存について

総論で述べたように，**物質依存**とは，精神作用物質の作用により，快感が得られたり，不安や不快な身体症状が除かれるために，日常生活や社会生活に支障を生じることを知りながら，その使用を続ける状態のことである。物質依存のうち，アルコール以外の精神作用物質についての依存を，**薬物依存**とよんでいる。薬物依存を生じる精神作用物質には，精神依存と身体依存の両者を生じさせるものと，精神依存だけを生じさせるものがある。アメリカ精神医学会の診断基準であるDSM-5では，薬物依存を生じさせる精神作用物質を，次のように分類している。すなわち，**カフェイン**，**大麻**，**幻覚薬**（**フェンシクリジンとそれ以外**），**吸入剤**，**オピオイド**，**鎮静薬・睡眠薬・抗不安薬**，**精神刺激薬**（**アンフェタミン**，**コカインなど**），**タバコ**，その他である。近年，いわゆる危険ドラッグが世界的に流行したため，WHOの診断基準であるICD-11では，**合成カンナビノイド**，**合成カチノン**，**MDA・MDMA**等の物質も新たに分類に加わった。

B. 疫学

日本では，2021年の薬物事犯検挙者数は1万4408人であった。そのうち，覚醒剤が7970人と全体の55.3%を，続いて大麻が5783人（40.1%）と残りのほとんどを占めている。また，覚醒剤の検挙人員のうち，再犯者が5338人（66.9%）と大半を占めており，再犯予防が大きな課題となっている（厚生労働省，第五次薬物乱用防止5か年戦略フォローアップ）。

C. 代表的な薬物

i）覚醒剤（アンフェタミン，メタンフェタミン）

覚醒剤は，脳の刺激作用をもつ**中枢神経刺激薬**の一種である。覚醒剤は，**神経伝達物質**の一種であるノルアドレナリン，ドーパミンの脳内濃度を高めることで快感をもたらすといわれている。

①急性中毒症状：精神症状としては精神運動興奮，爽快感，多幸感など，身体症状としては交感神経刺激作用による不眠，頻脈，発汗等がみられる。使用量が多いと，被害妄想を伴う急性の錯乱状態になることもある。

②覚醒剤精神病：覚醒剤の使用をくり返すうちに，猜疑心や聴覚過敏が強まり，幻覚妄想状態に至ることも多い。この状態を**覚醒剤精神病**とよぶ。さらに，覚醒剤を使用しなくても，不眠や疲労をきっかけに幻覚妄想状態が再燃することもある。これを**自然再燃**（**フラッシュバック**）という。

ii）大麻

大麻に含有される**THC**（**テトラヒドロカンナビノール**）という物質が脳

内のカンナビノイド受容体に作用し，酩酊，鎮静，知覚変容などの作用をおよぼす。長期に使用することで，何に対しても意欲がなくなる状態となる場合がある（**無動機症候群**）。

iii）危険ドラッグ

2004年ごろより，「合法ドラッグ」といった名前で，法規制の網をくぐって，新たに合成されたさまざまな精神作用物質が急速に流通し，さまざまな健康被害をもたらし大きな社会問題となった。このため行政側の主導で，これらの物質のことを，2005年からは違法ドラッグ，2014年からは**危険ドラッグ**とよぶようになった。危険ドラッグには**合成カンナビノイド**（大麻と似た作用がある），**合成カチノン**（覚醒剤と似た作用がある）などが含まれるが，法規制をくぐり抜けて次々に新しい構造の化合物が合成されることを避けるために，2013年以降，化合物の中心的な部分（基本骨格という）が同じ化合物を一括して指定薬物とする**包括指定**という仕組みが活用されている。

D. 治療

薬物依存に関しては使用自体が犯罪のため，治療よりも取り締まりが先行してきた時代が長く続いた。しかし，厳罰による取り締まりより，**ハームリダクション**とよばれる，治療的関わり，福祉的関わりを組み合わせたアプローチの方が，社会全体に対する害を減らすことができるという観点から，近年，世界的にそうしたアプローチが重視されるようになってきた。日本でも，専門医療機関だけでなく，精神保健福祉センター，保護観察所，ダルクなどの民間リハビリ施設など，さまざまな機関が連携して薬物依存の支援にあたっている。

治療のプログラムとしては，米国ロサンゼルスにあるMatrix嗜癖研究所が開発したMatrix Modelを参考に開発された，**せりがや覚せい剤依存再発防止プログラム（SMARPP）**が，医療機関，精神保健福祉センター，刑務所など，さまざまなところで用いられている。SMARPPでは，認知行動療法的なテキストを用いて，動機づけ面接の原則に沿った支持的な介入を行い，薬物使用に至る引き金とその避け方，引き金を避けきれない場合の対処方法などを学んでいく。また，**ナルコティクス・アノニマス（NA）**のような自助グループに通うことも有用である。

10.4節 ギャンブル障害

A. ギャンブル障害とは

ギャンブル行動が持続性かつ反復性にくり返され，その人の日常生活や社会生活に支障がでているにもかかわらず，ギャンブル行動を止められない状態を，**ギャンブル障害**とよぶ。

物質関連障害と同様に**コントロールの障害**，**耐性**（徐々に賭け金が増える），**離脱症状**（ギャンブルができない場合のいらだち）がみられるだけでなく，ギャンブルをするための**嘘**や**借金**，**負け追い**（負けて失った金を取り戻すためのギャンブル）が認められる場合も多い。また，**不安や抑うつをまぎらわすためのギャンブル**もしばしばみられる。

B. 疫学

2020年度に行われた全国調査によれば，過去1年間にギャンブル障害が疑われる者（スクリーニングテストSOGSにて5点以上）は住民（18歳から74歳）の2.2％と推計されている（松下ら，2021）。これは2020年10月1日時点の18～74歳人口から計算すると191万人に相当する。

日本で行われているギャンブル等（日本の法律で「遊技」と分類されているパチンコも含めた議論をする際には「ギャンブル等」という[1]）と宝くじ，

表10.9　2020年のギャンブル等および宝くじ，スポーツ振興くじの売上と参加人数（日本生産性本部，2021）

ギャンブル等の種類	売上	参加人数	監督官庁
パチンコ	14兆6000億円	710万人	警察庁
中央競馬	3兆円	820万人	農林水産省
地方競馬	8630億円	340万人	農林水産省
ボートレース（競艇）	1兆9010億円	220万人	国土交通省
競輪	6810億円	190万人	経済産業省
オートレース	860億円	80万人	経済産業省
宝くじ	8160億円	2240万人	総務省
スポーツ振興くじ（toto）	900億円	520万人	文部科学省

スポーツ振興くじの売上と参加人数，監督官庁を**表10.9**に示す。

C. 治療

ギャンブル障害の治療に関して日本で認可されている薬物はなく，**認知行動療法**をはじめとした心理社会的治療が中心となる。前項で述べたSMARPPを参考に開発された**島根ギャンブル障がい回復トレーニングプログラム（SAT-G）**が，精神保健福祉センターを中心に広く使用されている。**図10.3**に，SAT-Gプログラムの表紙と各回の表題を示す。また，SAT-Gをはじめ国内のいくつかのプログラムを参考にした**ギャンブル障害の標準的治療プログラム**が，久里浜医療センターを中心にして開発され，2020年4月から保険適用もされている。これらのプログラムでは，ギャンブルのメリットとデメリットの確認，ギャンブルに至る引き金はなにか，どうやってそれを避けたらよいか，避けきれない場合はどのような対処法があるか，ギャンブルをやめて空いた時間に何をするか，などを学んでいく。また，**ギャンブラーズ・アノニマス（GA）**のような自助グループに通うことも有用である。

SAT-G
（Shimane Addiction recovery Training program for Gambling disorder）

【第1回】
あなたのギャンブルについて整理してみましょう

【第2回】
引き金から再開にいたる道すじと対処

【第3回】
再開を防ぐために

【第4回】
私の道しるべ

【第5回】
回復への道のり

【アンコールセッション】
回復のために～信頼、正直さ、仲間～

図10.3　SAT-Gプログラムの表紙と各回の表題（小原，2019）

1　ギャンブル等依存症対策基本法第2条の定義による。

10.5節 ゲーム障害

A. ゲーム障害とは

ゲーム行動が，持続性かつ反復性にくり返され，その人の日常生活や社会生活に支障が出ているにもかかわらず，そのゲーム行動を止められない状態を，**ゲーム障害**とよぶ。

ICD-11では，①制御困難（ゲームをやめようと思ってもやめられない），②優先度の高さ（これまでに自分が楽しんでしていた趣味や，食事・入浴・着替え・家族とのコミュニケーションなどの日常生活よりも，ゲームをすることを優先する），③問題にもかかわらず使用（ゲームをすることで日常生活，家族や友人とのコミュニケーション，学業，仕事などに悪い影響が出ているのに，ゲームの時間が減らない，または増える）という3つの特徴すべてを満たすこととされている。また，③の悪い影響というのは，重大な影響である場合に限られる（中山，2019）。

ゲーム障害は，対象となるゲームがオンライン上のものか，そうでないかによって2種類に分類されているが，オンラインのゲームが対象となることの方が多いといわれている。代表的なオンラインゲームの種類を**表10.10**に示す。MMORPGでは，その世界の中でプレーする際に有利になるための仮想アイテムを集めるために，**ルートボックス**（日本では**「ガチャ」**ともいう）といわれる，中身がランダムに決められる一種のくじ引きのような，射幸性の高い課金が行われ，経済的な困窮にいたることもある。

B. 疫学

ゲーム障害は未成年から成年初期の男性に多くみられる。Higuchiら（2021）によれば，日本の若年層（10～29歳）におけるゲーム障害の有病率は，男性7.6%，女性2.5%，全体で5.1%と推定されている。

C. 治療

未成年から成年初期の男性が受診者の多くを占めるため，思春期心性に配慮した取り組みが求められる。個人カウンセリングに，集団デイケア，家族会，場合によっては入院治療を組み合わせて治療が行われる場合が多い。**治療キャンプ**とよばれる短期間の集中治療も行われている。

表10.10　代表的なオンラインゲームの種類（キング，D.，デルファブロ，P.，2020を参考に筆者作成）

種類	日本語	内容
MMORPG（Massively Multiplayer Online Role-Playing Game）	大規模多人数同時参加型オンラインロールプレイングゲーム	多人数で同時にプレーするロールプレイングゲーム。プレーヤーはチーム（ギルド，クランともよばれる）を作り，共通の目標に向けて活動する
MOBA（Multiplayer Online Battle Arena）	マルチプレーヤーオンラインバトルアリーナ	2つのチームがリアルタイムで同時に競い合い，自陣を防衛しながら敵陣を破壊することを目指す
FPS（First Person Shooter）	一人称視点シューティングゲーム	操作するキャラクターの視点でゲーム内の世界を移動し，銃などの武器で敵を倒すことを目指す

Column　ギャンブル障害，ゲーム障害以外のさまざまな嗜癖的な行動

本稿では，行動嗜癖として，ギャンブル障害とゲーム障害を取り上げたが，それ以外にもさまざまな嗜癖的な行動がある。その中でも，運動，買い物，食べ物，セックス，恋愛，仕事に関する嗜癖的な行動（いわゆる運動依存，買い物依存，食事依存，性依存，恋愛依存，仕事依存）については徐々に研究が進んでいる（Sussman, S., 2020）。

これらの嗜癖的な行動については，ギャンブル障害やゲーム障害と同じように，①渇望とコントロール不全（その行動に関する強い渇望があり，わかっていてもやめられない），②耐性（次第に最初と同じ量の行動では満足が得られなくなる），③離脱（突然やめるといらいらや不安などを生じる）といった共通する特徴がある。

例えば，いわゆる恋愛依存に関していうと，上記の①から③までの特徴がすべてみられる。恋愛の対象に対して会いたいという強い欲求を感じ（渇望），その欲求を抑えることができない（コントロール不全）。会えば会うほどもっと会いたいと感じる（耐性）。突然別れを告げられると，情動不安定，不安，不眠，抑うつ，食欲不振または暴飲暴食などの症状が生じる（離脱）（Rosenberg, K. P., 2014）。

ただし，これらの嗜癖的な行動に関しては，2018 年に WHO が発表した ICD-11 で，いわゆる性依存が，**強迫的性行動症**という名称で放火症（放火癖）や窃盗症（窃盗癖）と同じ**衝動制御症群**というカテゴリーに記載されたという例外を除き，ICD-11 や DSM-5 といった国際的な診断基準に収載されていない（つまり，**正式な病名として認められていない**）ことに注意する必要がある。

章末演習問題

以下の各問の正誤を答えよ。

問1　覚醒剤は違法薬物なので，一度でも使用したら薬物乱用といえる。
□正　□誤

問2　アルコール依存症の診断基準に当てはまる人の多くは，それに対する医療を受けていない。　□正　□誤

問3　抗酒薬は，アルコールに対する渇望を減らす薬である。
□正　□誤

問4　アルコール依存症の回復のためには，自助グループに通うことが助けになる。　□正　□誤

問5　アルコール依存症からの回復は本人の問題なので，家族ができることは何もない。　□正　□誤

問6　薬物依存に対しては，認知行動療法的なテキストを用いたプログラムが有効である。　□正　□誤

問7　薬物依存に関しては，自助グループに通うことは無効である。
□正　□誤

問8　不安や抑うつをまぎらわすためにギャンブルをしている人は，ギャンブル障害とはいえない。　□正　□誤

問9　ゲーム障害の人の大部分は，中年の女性である。　□正　□誤

問10　オンラインゲームはギャンブルではないので，経済的な問題が起きることはない。　□正　□誤

〈引用文献〉

Higuchi, S. et al. (2021). Development and validation of a nine-item short screening test for ICD-11 gaming disorder (GAMES test) and estimation of the prevalence in the general young population. *Journal of Behavioral Addictions*. 10(2), 263-280.

樋口進(2022). ICD-11「精神，行動，神経発達の疾患分類と病名の解説シリーズ：各論19　物質使用症又は嗜癖行動症群. 精神神経学雑誌, 124(12), 877-884.

猪野亜郎・吉本尚・村上優他(2018). アルコール依存症者を専門外来から断酒会へつなげる試みと効果検証—SBIRTS(エスバーツ)と呼称して取り組む—. 日本アルコール・薬物医学会雑誌, 53(1), 11-24.

キング, D., デルファブロ, P.(著). 樋口進(監訳)(2020). ゲーム障害—ゲーム依存の理解と治療・予防. 福村出版.

小原圭司(2019). ギャンブル障害の治療　精神保健福祉センターにおける取り組み. 日本アルコール関連問題学会雑誌, 21(1), 77-81.

厚生労働省. 健康日本21（アルコール） 目標値のまとめ. https://www.mhlw.go.jp/www1/topics/kenko21_11/b5.html#A56
厚生労働省. 健康日本21（第二次）. https://www.mhlw.go.jp/stf/seisakunitsuite/bunya/kenkou_iryou/kenkou/kenkounippon21.html
厚生労働省政策統括官（2019）. 平成29年 患者調査. https://www.mhlw.go.jp/toukei/saikin/hw/kanja/10syoubyo/dl/h29syobyo.pdf
厚生労働省. 保健指導におけるアルコール使用障害スクリーニング（AUDIT）とその評価結果に基づく減酒支援（ブリーフインターベンション）の手引き. 標準的な健診・保健指導プログラム【平成30年度版】第3編 別添. https://www.mhlw.go.jp/content/10900000/000496782.pdf
厚生労働省. 薬物乱用対策 1 薬物乱用対策に係る国の施策（9）第五次薬物乱用防止五か年戦略フォローアップ 令和4年6月28日取りまとめ https://www.mhlw.go.jp/stf/seisakunitsuite/bunya/kenkou_iryou/iyakuhin/yakubutsuranyou_taisaku/index.html
松下幸生・新田千枝・遠山朋海（2021）. 令和2年度 依存症に関する調査研究事業「ギャンブル障害およびギャンブル関連問題の実態調査」. https://www.ncasa-japan.jp/pdf/document41.pdf
宮田久嗣ほか編著（2019）. アディクションサイエンス. 朝倉書店.
中山秀紀・樋口進（2019）. ゲーム障害の治療, 医学のあゆみ, 271（6）, 医歯薬出版.
日本生産性本部（2020）. レジャー白書2020.
大熊輝雄（2008）. 現代臨床精神医学 改訂第11版. 金原出版.
尾﨑米厚・金城文（2020）. アルコールの疫学―わが国の飲酒行動の実態とアルコール関連問題による社会的損失のインパクト. 医学のあゆみ, 274（1）, 医歯薬出版
Rosenberg, K. P., et al.（edit）（2014）. Behavioral Addictions: Criteria, Evidence, and Treatment. Academic Press.
スミス, J. E., メイヤーズ, R. J.（2012）. CRAFT依存症患者への治療動機づけ. 金剛出版.
Sussman, S.（edit）（2020）. The Cambridge Handbook of Substance and Behavioral Addictions. Cambridge University Press.
高橋三郎ほか監訳（2014）. DSM-5 精神疾患の分類と診断の手引. 医学書院.
融道男ほか監訳（2005）. ICD-10精神及び行動の障害―臨床記述と診断ガイドライン―新訂版. 医学書院.

第11章 生殖・妊娠・性周期と先天異常

11.1節 生殖の基礎

A. ヒトの細胞の染色体数

ヒトの細胞は通常46本の染色体（1～22番の22対44本の常染色体と2本の性染色体（男性はXY，女性はXX））をもつ（**図11.1**）。なお，染色体は遺伝情報を伝えるDNAの鎖が折りたたまれたものである。体の中で常に起きている細胞の新生では，この46本すべてがコピーされて新しい細胞に伝わる（**体細胞分裂**，あるいは**有糸分裂**ともよばれる）。

一方，**生殖細胞**（**卵子**，**精子**）が作られる時は，染色体数は23本〔常染色体22本＋性染色体1本（卵子ではX 1本，精子ではXまたはY 1本)〕に半減する。これを**減数分裂**とよぶ。受精卵では，卵子，精子から23本ずつを得て，通常の染色体数である46本に戻る。

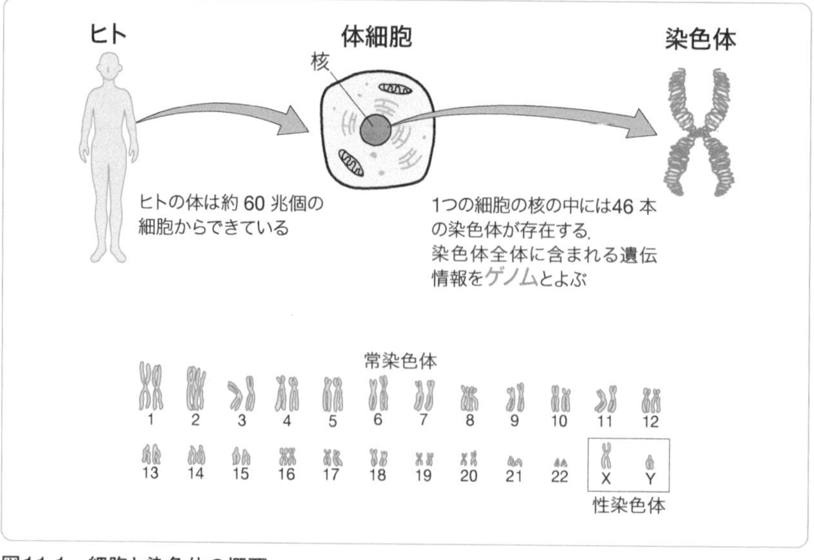

図11.1　細胞と染色体の概要

B. 卵子と精子の作られ方の違いと妊娠への影響

卵子を作る減数分裂は，女性が母親の胎内にいる時にはじまり，出生頃に一時停止する。その後**思春期**になると，性周期に合わせてその一部で**染色体分離**（46本から23本に染色体数が半減）と成熟が進み，ごく少数が卵子として排卵される。年齢が30代中頃を過ぎると染色体分離が正常に進みにくくなるため，**染色体異常**が起こる確率が急速に上がる。

精子は，男性が**思春期**になると，精子の元となる細胞が毎日，精巣の細胞の体細胞分裂により作られ，**数十日で成熟して精子**となる。男性では精子は一生作られ続けるが，不妊のリスクや，生まれた子どものさまざまな病気のリスクは**父親の年齢**が上がるとともに高くなる。これは精子の元を作る体細胞分裂のくり返しで，年齢とともに精子の染色体（ゲノム）のミスコピーが増えることに関係する可能性がある。また不妊には，**加齢による精子の量の減少**も影響する。

C. 妊娠年齢と染色体異常

母親の妊娠年齢が上がると，減数分裂で卵子が作られる際の**染色体不分離**が増加し，新生児の染色体異常が増加する。例えば新生児における**ダウン症**（21番染色体を3本もつ。後述）の割合は，妊娠年齢が30歳では1000人に1人だが，35歳以上で急増し40歳では100人に1人となる。

染色体異常では流産も増えるので，高齢妊娠では**流産のリスク**も高くなる。自然流産した児の半分は染色体異常をもつとされる。

11.2節 妊娠・着床・胎盤形成

A. 女性の性周期と受精

前の月経が終わると，**エストロゲン**の分泌量が増して，**卵胞の成熟**と，受精卵が着床できるよう**子宮内膜の肥厚**が進む（**図11.2**）。前の月経開始から2週後くらいで下垂体からの**黄体形成ホルモン**（LH，図には示していない）の分泌が急増し，その直後に**排卵**が起きる（卵子が卵巣を離れる）。卵子は腹腔内を経て卵管内に進み，そこに精子があれば受精する。受精が起こらなければ**プロゲステロン（黄体ホルモン）の分泌が低下**し，肥厚した**子宮内膜が壊死**して次の月経が始まる。

女性の性周期に関連する疾患の主なものとして，以下の3つを挙げる。

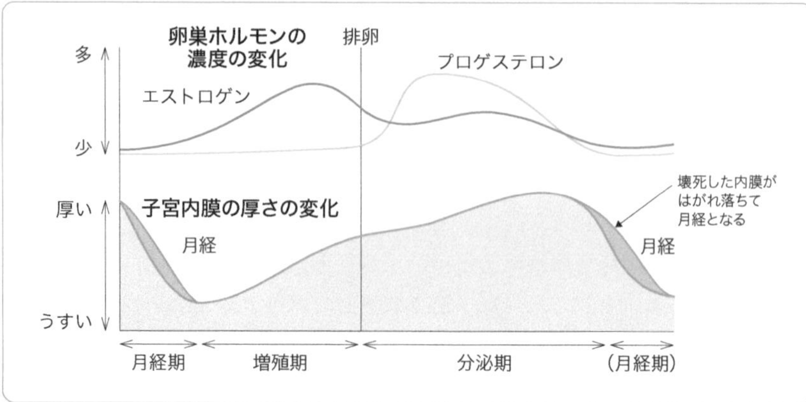

図11.2　月経周期による卵巣ホルモンと子宮内膜の変化

i）月経前症候群

月経前緊張症ともいう。月経開始前数日～1週頃から始まり，月経開始とともに改善する。**イライラ**，**気分の落ち込み**などの精神症状のほか，**頭痛**，**体のむくみ**などを伴うことが多い。性ホルモン（エストロゲンとプロゲステロン）の不均衡などが影響している可能性がある。規則正しい生活の指導，性ホルモンによる排卵抑制，SSRI，痛みには消炎鎮痛薬（NSAIDSやアセトアミノフェン）などが用いられる。

ii）出産後の精神障害

出産後3～5日目に起こる**マタニティーブルー**と，より遅い時期（通常，産後3ヶ月以内）に起こる**産後うつ病**が主である。マタニティーブルーは約半数の母親に起こる一過性の軽い抑うつ状態で，通常，数日から10日程度で自然に改善する。産後に起こる**女性ホルモン**（**エストロゲン**など）の急激な低下が関係する。

産後うつ病の頻度は，マタニティーブルーに比べると低い（欧米の教科書では1割強，日本の報告では数%）。**育児の負担**や母親になることへの**不安**が影響するといわれている。また，**うつ病の既往**，家族等**周囲のサポート**の有無も大きく影響する。産後うつ病は**ネグレクト**など子どもへの虐待につながる可能性があるので，注意を要する。抗うつ薬や気分安定薬などの薬物療法が必要な場合，授乳を控える必要も出てくる。

iii）月経困難症

月経直前または開始の時点から，腹痛，腰痛，頭痛などが出現する。消炎鎮痛薬などによる対症療法を行う。子宮内膜症や子宮筋腫などに伴う場合もある。

iv）更年期障害

閉経期の前後にみられる，自律神経症状や精神症状から体の症状まで，多彩な不定愁訴を主とする症候群。閉経に近づくにつれ，エストロゲン（卵巣ホルモン）の分泌量が低下するため，その分泌を促す下垂体からのゴナドトロピン（FSH，LH）分泌が過剰となり，自律神経中枢などに影響するために起こる。症状は個人差が大きい。対処法として，ホルモン療法が行われる（エストロゲンと，エストロゲンによる子宮体癌のリスクを抑えるためのプロゲステロンを合わせて投与する）。ただし，ホルモン療法は乳がんや血栓症のリスクを高めるので，冠動脈疾患や脳卒中の既往，高血圧や糖尿病がある時は使いにくい。そのような場合を含めて，心理職によるカウンセリングが必要な例は稀でない。

B. 着床

受精卵は卵管内を進み，子宮に到達（**コラム**）。受精卵の細胞分裂が進み，**胞胚**とよばれる状態に成長した後，子宮内膜に**着床**する（**受精後4～6日**）。

Column 異所性妊娠（子宮外妊娠）

卵子または受精卵が，子宮に到達せず，**卵管**（まれに**腹膜**や**卵巣**）に着床する妊娠をいう。そのまま胎嚢が成長を続けると破裂・大出血に到るので，薬剤で成長を止めるか外科手術を行う。

C. 胎盤形成

妊娠7週頃から**胎盤**形成が始まる（4か月末頃に完成）。胎盤形成後は，母体からの栄養や酸素の供給，胎児からの不要な物質や二酸化炭素の排出は胎盤を通じて行われる。胎児は，**臍帯**（2本の動脈と1本の静脈をもつ）により胎盤とつながっている。

11.3節　胎児への環境の影響

化学物質，重金属，感染症，放射線などは催奇形因子とよばれ，胎児に影響して先天異常の原因となりうる。胎児が催奇形因子の影響を最も受けやすいのは**妊娠初期**，特に**器官形成期**とよばれる**妊娠5〜11週**である。この時期には中枢神経系，心臓，消化器，四肢，外性器，口蓋など体の主要な器官や部位が急速に形成される（**表11.1**）。

表11.1　妊娠週数と胎児の発生・発育

妊娠週数*	胎児の発生・発育状況
2〜3週	受精・子宮への着床
5〜11週	器官形成期（体の器官の急速な形成）
12週〜	中枢神経，目，耳，外性器など，さまざまな器官の発達がその後も続く

*妊娠週数は，妊娠前の最終月経の時点から数えるため，**胎児の週齢（胎齢）より2週長い**（受精は最終月経開始の約2週後に起こる）。出産は通常「**妊娠40週**」だが，これは**胎齢38週**にあたる。

A. 化学物質（アルコール・喫煙，薬物）と放射線

飲酒，喫煙のほか薬品や医療用の放射線検査も胎児の発達に影響する。妊娠中に**飲酒や喫煙**を控えることは当然だが，**医薬品などの服薬**も，この時期は特に慎重にする必要がある。**医療用の放射線検査**（CTを含むX線検査）も避ける必要がある。なお，**妊娠初期は妊娠に気づいていない可能性**もあるので，胎児への影響の強い薬（抗てんかん薬など：精神科では気分安定薬として使われる）を使う時は避妊の必要がある。

B. 重金属

最も問題となるのは，食事（主に魚介類）に含まれる**水銀（有機水銀）**と**鉛**で，神経系などに障害を起こす。このため**妊娠中は魚介類の摂取制限**（特にマグロなどの大型の魚介類；重金属の濃度が高い）を行うことがある。

日本では1950〜60年代に，工場排水による海水の有機水銀汚染で，魚の摂取量が多い漁民を中心に地域の住民多数に有機水銀中毒が起きたが（いわゆる「**水俣病**」），障害は**母体よりも胎児でより大きかった**。

C. 感染症

母体に感染した病原体が，**胎盤**を通って胎児に感染し，後遺症が残る場合がある。以下に主な感染症を挙げる。

i）風疹

妊娠初期に母体が初感染を起こすと，8～9割の高頻度で胎児に後遺症が残る。白内障，難聴，心臓の奇形などがみられる。妊娠以前のワクチン接種で予防できる。

ii）サイトメガロウイルス感染症

神経学的後遺症（**難聴，知能障害，運動障害**）の起きる胎児ウイルス感染では最も多い。母体が妊娠以前に未感染で妊娠中に感染した場合に起こる。

iii）梅毒

出生時は正常にみえることが多いが，出生数週から数ヶ月で発症。難聴，脳障害（水頭症）などが起こる。梅毒は増加しているので要注意。妊娠初期のスクリーニングと治療が大切で診断されたら速やかにペニシリンで治療する。

iv）トキソプラズマ症

感染動物の加熱不十分な肉を食べたり，糞尿への接触で起こる。感染しても無発症のことも多いが，発症すれば**脳性まひ**，**精神遅滞**などが起こる。**ネコ**からも感染する。

胎盤を通した感染のほか，肝炎のウイルス，AIDS（HIVウイルス）や淋病など性病の病原体のように，**出産時に産道で感染**するものも多い。妊婦が感染している時は，新生児の感染予防のため**帝王切開**での出産が望ましい。

11.4節　先天性疾患

染色体や**遺伝子**の異常のみでなく，前述のように環境要因でも，また遺伝的素因と環境因の両方の作用で起こる場合もある。神経系，心血管系を含む全身のあらゆる器官，組織で障害が起こりうる。ここでは主な染色体異常のみを紹介する。

A. ダウン症

21番染色体を3本（**トリソミー**という。**コラム**）もつことで起こる。主に卵子形成時の**染色体不分離**で起こり，30代後半以後の母親の妊娠で増える。知的障害，発育遅延がほぼ必発で，心臓の障害の合併や感染症などのため寿命も短い。老化が早く，アルツハイマー病が起こりやすい（**図11.3A**）。

> **Column　なぜトリソミーは21番染色体に多いのか？**
>
> 染色体異常があると，胚子・胎児は出生まで成長しないことがほとんどである。21番染色体は22本の常染色体中最小でトリソミーの影響が小さいため，少数が出生・発育できると考えられている。稀に18番，13番のトリソミーも生まれるが，生後1年まで生存できる割合は10%未満である。一方，常染色体の欠損に関しては，完全欠損で出生する例はないが，部分欠損で生まれる場合はある（22番染色体，15番染色体など）。

A ダウン症

- 21番染色体を3本（トリソミーという）もつことで起こる
- 主に卵子形成時の染色体不分離で起こる（30代後半以後の母親の妊娠で増加）
- 知的障害，発育遅延が起こる
- 心臓障害の合併や感染症なども多く短命の傾向にある
- 老化が早い（アルツハイマー病も起こりやすい）

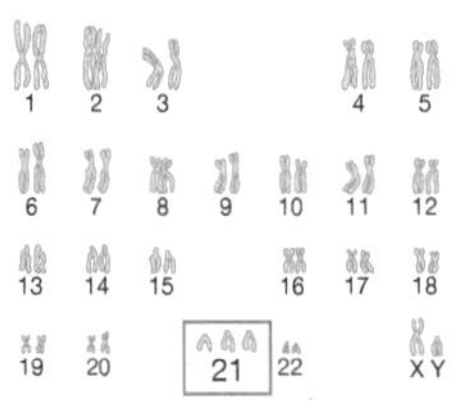

B ターナー症候群と クラインフェルター症候群

- ターナー症候群は女性でX染色体が1本のみの場合
- クラインフェルター症候群は男性でX染色体が2本（性染色体 全体ではXXY）の場合
- ともに性染色体の不分離による
- 不妊や知的障害がみられやすい

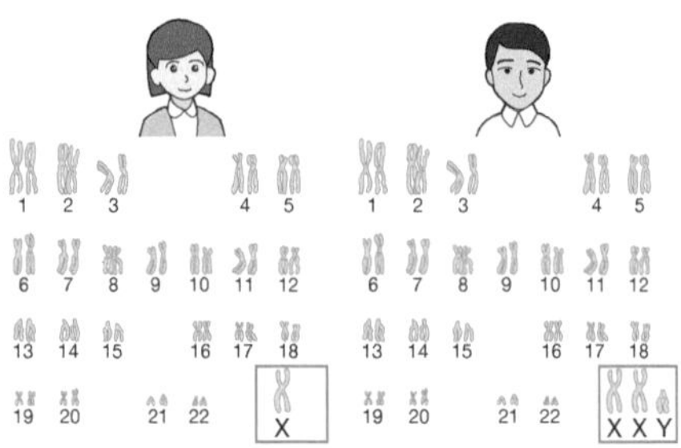

ターナー症候群（女性・右下の性染色体がX1本のみ）

クラインフェルター症候群（男性・右下の性染色体がX2本）

図11.3　ダウン症，ターナー症候群，クラインフェルター症候群

B. ターナー症候群・クラインフェルター症候群

性染色体の不分離によるもので，ターナー症候群は女性でX染色体が1本のみの場合，クラインフェルター症候群は男性でX染色体が2本（性染色体全体ではXXY）の場合に起こる。不妊のほか，知的障害などがみられる（図11.3B）。

C. 出生前診断

母親の血液（胎児のDNAの断片などが含まれる）を使えば，胎児の先天異常のスクリーニングが可能である。スクリーニングは母親と配偶者の意思で行われるが，実際に異常の可能性が高い時には，さらに詳しい検査をするか（羊水検査など：胎児へのリスクが皆無ではない），妊娠を継続するかなど，親は迷うことが多く，**カウンセリング**（遺伝カウンセリング，次節）の役割が重要となる。

11.5節　遺伝カウンセリング

A. 遺伝カウンセリングとは

遺伝カウンセリングでは，1）クライエントやその家族の，遺伝が関わる病気やそれに関係する悩み・疑問に対して，科学的根拠に基づく医学的情報を提供し，クライアントと家族の理解を助け，かつ，2）クライアントやその家族が自分達の力で医療情報等を活用して問題解決を進めるための心理・社会面等でのサポートを行う。日本では1970年代に「遺伝相談」として始まり，2000年代には臨床遺伝専門医，認定遺伝カウンセラーの制度が整えられた。

B. 対象となる主な病気・診療領域

遺伝カウンセリングが行われる主な病気や状況は次のとおりである。

1）産科領域で行われる**出生前カウンセリング**

2）小児科領域での**先天性疾患**の診療やケアに関するカウンセリング

3）**遺伝性腫瘍**に関するカウンセリング

4）**遺伝性神経筋疾患**に関するカウンセリング

このうち，1）では妊娠を継続するか否かの判断に関する相談，また1）2）では次子の妊娠をすべきか否かの判断に関わる相談，3）4）では患者本人のその後の治療の可能性と経過の見通し，血縁者での発症リスクに関する相談などが行われている。

C. カウンセリングの実際

各クライエント・家族における病気の発症や再発の可能性を，病歴や家族歴の解釈を通じて説明し，(1) 病気の遺伝形式，遺伝学的検査，治療から，健康管理と予防，利用できる社会資源，その病気や治療に関する研究等について情報を提供する。さらに，(2) 提供された情報に基づきクライエントや家族の治療と行動の選択を助け，病気やそれに関連するさまざまなリスクへの適応を高める支援が行われる。

D. 心理職の役割

遺伝カウンセリングは多職種で行われるが，心理職の主な役割には，遺伝子検査による確定診断の後，出生前や発症前診断の後に生ずる**クライエントや家族のさまざまな感情の整理への支援**が含まれる。

診断を告げられた後には，クライエント本人も家族も心理的に大きく揺れ動く可能性があり，その支援が重要である。また患者が小児の場合などは，**年齢にあった告知**の工夫が必要である。また本人の知的水準や病気への関心度，不安の高さなどを考え，**状態にあった告知**の仕方を工夫する必要がある。羊水検査等で胎児が疾患を有していると判明した場合には，妊娠継続を断念する例が多い。このため出生前カウンセリングでは，児の**喪失体験**，**喪の作業**に寄り添うことが必要な場合もある。

遺伝カウンセリングの場面で心理職は，1) クライエントが過度に緊張せず自由に話せる雰囲気を作り，2) 時に**クライエントの質問のサポート**を行う。2) は医師の説明などにクライエントの理解が追いついていないと思われる時などに必要で，よりわかりやすい説明をクライエントに代わって医師に求めることもある。クライエントの多くは遺伝の専門用語など初耳で理解が難しく，かつ医師に遠慮して質問できない人も少なくないからである。また，3) 重い精神病理を抱えるクライエントもおり，話しぶりなどから**クライエントの心理的評価**を行う必要もある。同時に，家族の中でクライエントを支えられる人の見極めも必要となる。

遺伝に関わる悩みは，本人を苦しめるのみでなく，家族との関係にも影響を与える。パートナーの選択や，子どもを持つかの選択にも影響し，さまざまな心理的葛藤を引き起こす。遺伝カウンセリングのあとも，継続的な心理的支援が必要な場合もある。

なお精神科などで行われる通常の心理カウンセリングと違って，遺伝カウンセリングでは，疾患に関する医学情報提供の位置づけが大きい。心理職もそれらの医学情報について学び理解しておく必要がある。実際の医療現場での仕事の流れの例を**図11.4**に示すので参考にしてほしい。

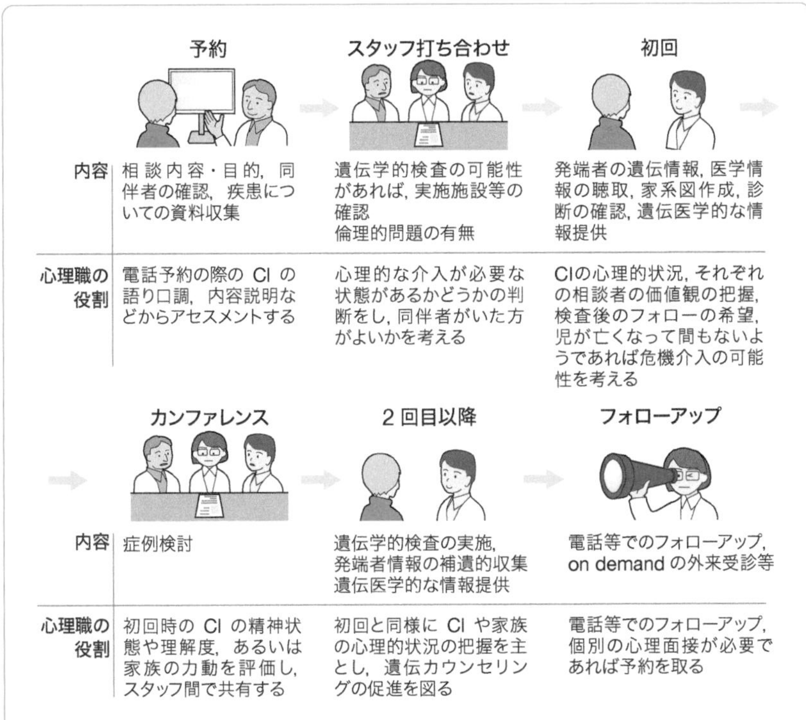

図11.4　遺伝カウンセリングの流れ（浦野，2021）

章末演習問題

以下の各問の正誤を答えよ。

問1　母親が服用する薬剤を含め，化学物質が胎児に最も影響するのは，胎盤ができる妊娠7週以後である。　□正　□誤

問2　月経前症候群では，月経の始まる数日～1週前頃からイライラ，怒りっぽさ，落ち込みなどが起きやすくなるほか，頭痛や体のむくみを伴うことも多い。　□正　□誤

問3　母親の年齢が30代半ばを過ぎるとダウン症のリスクが急速に増加するのは，卵子における染色体不分離が増えるためである。
□正　□誤

問4　母親の血液検査で，胎児の先天異常のスクリーニングが可能である。
□正　□誤

問5　DHAやEPAなどω3脂肪酸の摂取のため，妊娠中はできるだけ多くの魚介類を摂取すべきである。　□正　□誤

問6　妊娠中に風疹の初感染を起こすと8～9割の高率で新生児の目や耳，心臓に障害が起こるので，妊娠前にワクチン接種を済ませておくことが望まれる。　□正　□誤

問7　母親の年齢と異なり，（妊娠時の）父親の年齢は子どもの疾患のリスクには影響しない。　□正　□誤

文献

浦野真理（著），金沢吉展（編）（2021）．公認心理師ベーシック講座 健康・医療心理学．講談社．p.153

第12章 筋・骨格系とその病気

12.1節 骨格系

人の体には約200の骨がある。骨格の構成は，哺乳類ではどの種でも比較的共通性が高いが，直立歩行をする人間では，いくつか独自の特徴もみられる（**図12.1**）。

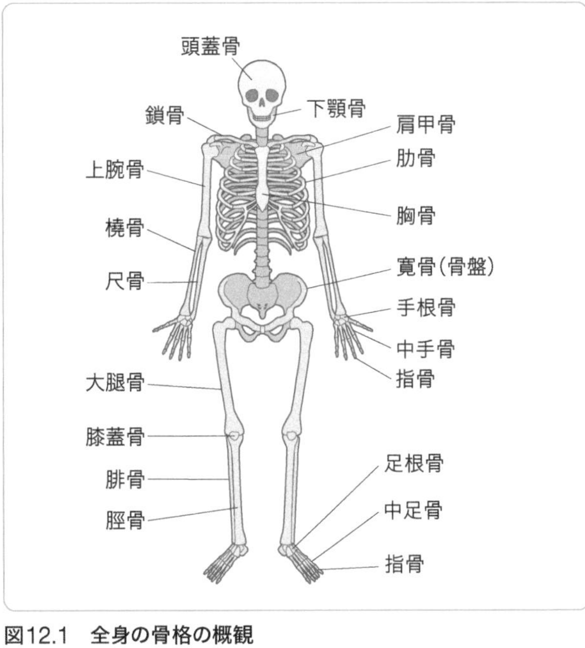

図12.1　全身の骨格の概観

A. 骨の形と構造

骨の形は，細長い管状のもの（長骨：上下肢の骨など），平たい形のもの（肩甲骨や頭の骨など），塊状のもの（手根骨や足根骨など），頭蓋骨や椎骨のように複雑な形をしたものなど，さまざまである。

骨の外側は固い「骨」（**緻密質**）で，その内側は**骨髄**で満たされている。

また骨全体は骨膜で覆われている。緻密質は，**膠原線維**（コラーゲン）に**カルシウム**塩[1]（主にリン酸カルシウム）が沈着してできる。骨髄は，子どもでは血液（白血球を含む）を造る組織で満たされているが（**赤色骨髄**），大人ではその多くは脂肪組織（つまりエネルギーの貯蔵場所）に置き換わり（**黄色骨髄**），赤色骨髄のあるところは限られている（**図12.2**，章末問題の問3の解説参照）。

成長期はもちろんだが，大人になってからも骨では新陳代謝が常に行われている（少しずつ古い骨が壊され，新しい骨が作られている）。骨の組織は，これに必要な栄養を補給する多数の血管[2]を中心に，規則的に形成されている。

骨の量（密度など）は年齢によって大きく変化し，思春期から20代に最大となり，50歳ころから減少しはじめる。特に女性では閉経後，骨の密度が急速に低下し，**骨粗鬆症**となりやすい。

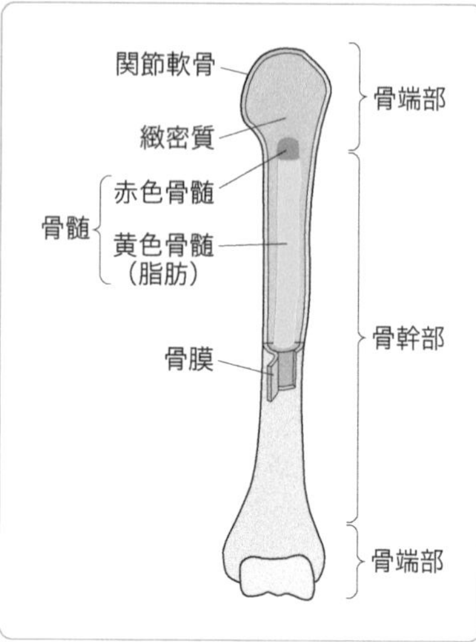

図12.2　長管骨の構造

B. 上下肢の骨

体重を支える下肢の方が大きく太いことを除けば，上下肢とも骨の構成は似ている（**図12.3**）。

上下肢とも，体幹への付け根側は1本の骨（上肢では上腕骨，下肢では大腿骨）で，その先は親指側と小指側の2本の骨で構成され，その先には手と足の骨がついている。

手足の骨は，手首（足首）に接して8個の手根骨（7個の足根骨（かかとの骨など）），その先，手は5本の中手骨で，足は5本の中足骨でできている。

1　カルシウムは筋肉の収縮を調節する働きがあり，動物にとって不可欠。骨はそのカルシウムの貯蔵庫の働きも担っている。

2　骨折では骨の血管も破れて出血が起きる。また大きな骨折では骨髄の脂肪が血液中に流出することもある。脂肪の塊が肺の細かい血管に詰まると，肺塞栓（肺の血管が塞がって，酸素が供給されず肺の組織が壊死）となり，生命にかかわる。

さらに先は指で，手足とも，外から見えるとおり，親指は2本，他の指は3本の骨でできている。

上下肢は，それぞれ肩甲骨と寛骨（仙骨とともに骨盤を形成する骨）を介して体幹に付いている。

寛骨は，肩甲骨よりずっと大きく，かつ大人では左右の寛骨が，後ろは仙骨につき一体となって骨盤を形成し，頭や上半身の重さがかかる脊柱（背骨）と，内臓を支えている（四足歩行の動物の寛骨は，これらの重さを支える必要がないため，もっと小さい）。

肩甲骨は寛骨と異なり，体幹部の骨とは鎖骨でつながっているだけで，左右それぞれを自由に動かせる。

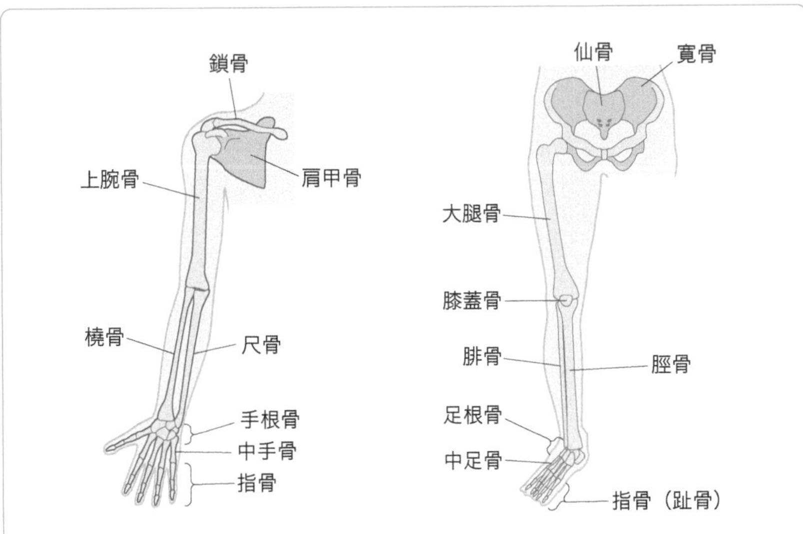

図12.3　上下肢の骨（左：上肢，右：下肢）

C. 脊柱（背骨）

背骨は，椎間板でお互いにつながった24個の椎骨と，その下につながる仙骨，尾骨でできている（仙骨は左右の寛骨にはさまれている）[3]（**図12.4**）。**椎骨**は，重さを支える骨の部分（椎体）と，その後ろの椎弓（ドーナツ状になっていて，輪の中（椎孔）を脊髄が通る），背中の筋肉の付着する突起

3　人の場合，椎骨は下にいくほど大きい。かかる重さが下ほど大きいためである。

(左右2つの横突起とその間の棘突起[4]) で構成される。

椎間板の中にはゼリー状の髄核[5]があり，クッションの役割を果たしている。椎骨と椎間板の間はほとんど動かないが[6]，このクッションが上下にたくさん連なっているため，背骨全体は前（後）左右に曲げることができる。

人の背骨は横から見るとS字状で，直立姿勢でのつり合いが取りやすい形となっている[7]。

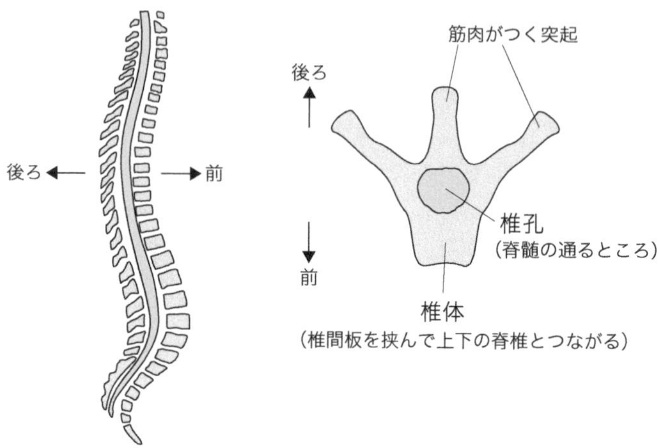

図12.4　背骨を横からみたところ(左)と椎骨(背骨の一つひとつ)を上から見た図(右)
背骨は，首(頸椎)と腰(腰椎)の部分は前に出っ張り，胸(胸椎)の部分は後ろに引っ込んだS字形をしている。

D. 胸郭

左右12対の**肋骨**が，後ろ側は脊椎（胸椎）と，前側は**胸骨**とつながって胸郭を形成している（**図12.5**）。胸郭内には肺や心臓などがあり，肋骨で守られている。

4　背中の中央を触ってみると，縦に並んでいる硬い出っ張りがあるが，それが棘突起。

5　椎間板ヘルニア → 後の項目Fを参照。

6　一つひとつの背骨の関節が自由に大きく動いてしまうと，脊椎の中を通っている脊髄が損傷を受ける恐れがある。

7　四足歩行の動物では，椎骨はほぼ直線状に並んでいる。

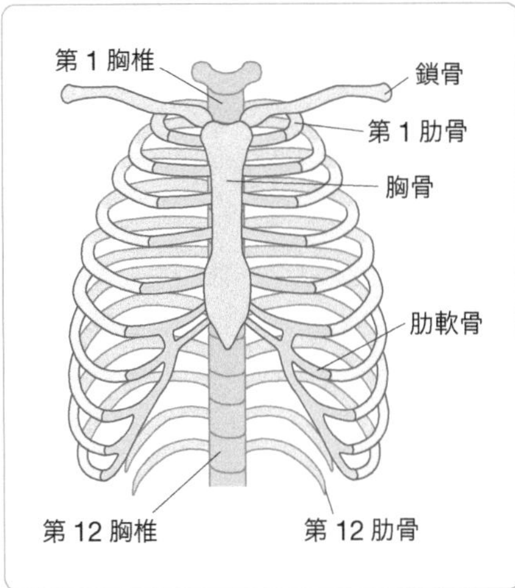

図12.5　胸郭
背骨と肋骨，胸骨からなる。肋骨と胸骨の間は軟骨でつながっている。

E. 頭の骨

頭の骨は，成人では頭蓋骨と下顎骨の2つで構成される（**図12.6**）[8]。頭蓋骨の特徴は空洞が多いことで，一番上の空洞には脳が，その下の空洞には左右の眼球が収まって，それぞれ頭蓋骨により保護されている。この以外にも頭蓋骨には複数の空洞（**副鼻腔**）があり[9]，頭蓋骨の重さの軽減に役立っている。

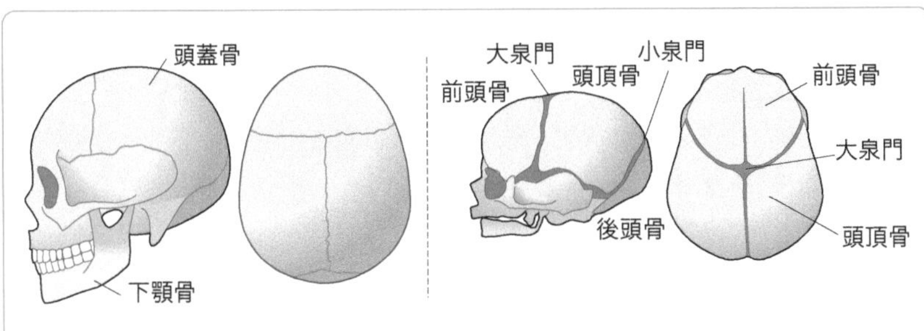

図12.6　大人の頭蓋骨（左）と小児の頭蓋骨（右）
子どもの頭蓋骨は複数の骨でできているが，大人ではそれらが癒合して1つの骨になっている。

8　子どもでは年齢とともに大きくなる脳を収める必要があるため，頭蓋骨は膜でつながった複数の骨で構成されている。

9　上顎洞，前頭洞，蝶形骨洞などで，いずれも鼻腔につながっているため副鼻腔とよばれる。風邪のあとに時々起こる「蓄膿症」は，副鼻腔の炎症で，正式には「副鼻腔炎」とよぶ。

F. 骨や関節の病気

i）骨粗鬆症

骨密度の低下により骨がもろくなり，骨折などが起こりやすくなった状態。閉経後の女性で特に起こりやすい（女性ホルモン減少のため）。改善には食事と運動[10]が重要で，必要な場合にはビタミンD[11]の投与を含め，薬物療法も行われる。骨粗鬆症は，クッシング症候群やステロイド剤の投与等，副腎皮質ホルモンの過剰によっても起こる。

ii）股関節の骨折

大腿骨の股関節への付け根部分の骨折。高齢女性が転倒後に股関節が痛くて立てない場合のほとんどがこれである。通常の骨折治療が困難な場合が多く（特に股関節内部で折れている場合），**人工骨頭**への置換手術（大腿骨頭置換術）が行われる。手術をしても歩行障害が残る場合もあり，元から体の弱っている人では寝たきりになるリスクも高い。

iii）関節リウマチ

コラーゲンなどで作られる結合組織が免疫系に攻撃され慢性炎症が起こる**膠原病**（collagen disease）の1つ。全身の関節の軟骨や骨が炎症で破壊され，関節の変形が起きる[12]。30～50代の女性で発症が多い。他の膠原病と同様，数十年にわたり病気が続く。朝にのみ30分以上手のこわばりが続くなら，疑う必要がある。

iv）骨の悪性腫瘍

骨から発生するもの（**骨肉腫**，**軟骨肉腫**，**多発性骨髄腫**など）と他の臓器のがんの**転移**（**乳がん**，**肺がん**，**前立腺がん**からの転移が多い）に分けられる。いずれも痛みが強く，死亡率も高い。

10　骨の量は，運動などにより骨に適度の力が加わることで増加する。宇宙のように無重力の空間では体重がかからないため，足腰などの骨で骨粗鬆症が起こりやすい。在宅勤務等で歩行量が減少したり，座ったままの生活が続く場合も，骨粗鬆症のリスクは高くなる。

11　ビタミンDは骨のカルシウム量を増加させる。

12　軟骨だけでなく骨も破壊されるのは，骨のもとが膠原線維（コラーゲン）でできているため。

v）椎間板ヘルニア

脊柱の椎間板が加齢などで変性し，中にある髄核が椎間板の外に飛び出した状態のこと。飛び出た髄核により脊髄や神経が圧迫され，痛みを生ずる。

vi）ビタミンD欠乏症（小児のクル病，成人の骨軟化症）

ビタミンD不足は骨のカルシウム量を低下させ，骨の変形の原因となる。ビタミンDは食事での摂取のほか，日光を浴びることで体内でも作られる。ビタミンDは母乳にも牛乳にも含まれないため，乳幼児では適度な日光浴は意味がある（過剰な日光浴は皮膚の老化や皮膚がんにつながるので要注意）。

G. 関節

関節の基本構造を**図12.7**に示す[13]。2つの骨の端は特別にツルツルした軟骨（**関節軟骨**）で覆われ，その間は粘り気のある潤滑液である関節液で満たされている。このため2つの骨（軟骨）どうしは極めてなめらかに動かすことができる（氷の上をスケートで滑るより10倍なめらか）。加齢などで軟骨がすり減ったり変形したりすると，なめらかに動かせなくなり，痛みも出やすくなる。

なお関節にはさまざまな形があるが，例として球関節と蝶番関節を**図12.8**に示す。球関節は動きの自由度が最も高いが，その分脱臼も起こりやすい（肩関節，股関節）。蝶番関節は肘，膝，指の関節の形で，一つの回転軸を中心とした曲げ伸ばしのみが可能である。

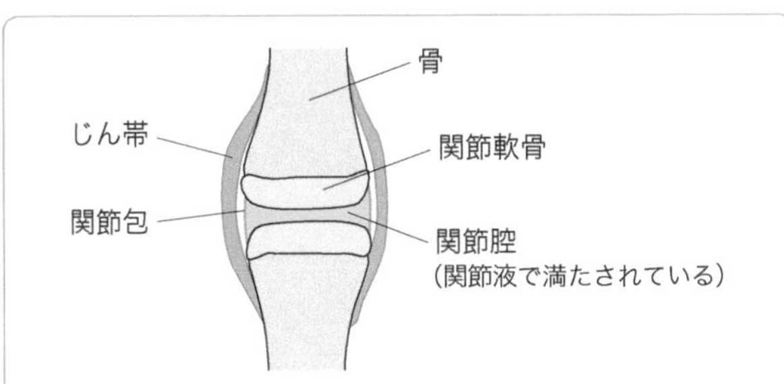

図12.7　関節の模式図

13　背骨では関節腔・関節包はなく，上下の椎骨は軟骨（椎間板）に固定されてつながっている。

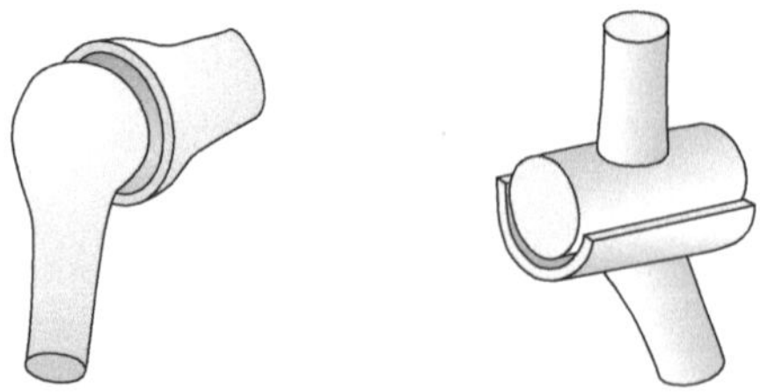

図12.8　関節の形の例(球関節と蝶番関節)

12.2節　筋肉

A. 横紋筋と平滑筋

筋肉は顕微鏡で見ると規則的な横縞模様のある**横紋筋**と，それがない**平滑筋**に大別される[14]。横紋筋には，いわゆる体を動かす筋肉（**骨格筋**）と心臓の筋肉（**心筋**）が含まれる。それ以外のすべての筋肉（心臓以外の内臓の筋肉と，血管や内分泌器官の筋肉）は平滑筋である。

骨格筋は**運動神経**に支配され自分の意思で動かせるが（**随意筋**），**平滑筋**と**心筋**は**自律神経**に支配され，自分の意思で動かすことはできない（**不随意筋**）。

B. 骨格筋

骨格筋の両端は膠原線維でできた**腱**によって，骨に付着している。両端の腱がつく骨は，1つ以上の関節でへだてられた別々の骨である（**図12.9**）。また，関節には必ず，それを曲げる筋肉と伸ばす筋肉の両方（肘関節なら，曲げる側の上腕二頭筋（力こぶの筋肉）と伸ばす側の上腕三頭筋）が備わっている。片方だけでは，関節を曲げたあと，それをまた伸ばすことができないからである（逆も同様）。

図12.10に全身の骨格筋の概略を示す。外からは見えない深い層（図では示していない）にも筋肉はあり，特に腰や背中の筋肉は姿勢の維持や起立

14　横紋筋と平滑筋の違いは肉眼でもわかる。焼肉の種類でいうと，ロースやタンなどは骨格筋，ハツは心筋でいずれも横紋筋だが，見た目は赤い。これに対して内臓の筋肉(平滑筋)は白っぽい。

などの基本動作に欠かせない。なお人の体で最も大きい筋肉は**横隔膜**で，呼吸運動を担っている。また，基本的に上半身の筋肉よりも，下半身の筋肉（体全体を支えている）の方が大きい。

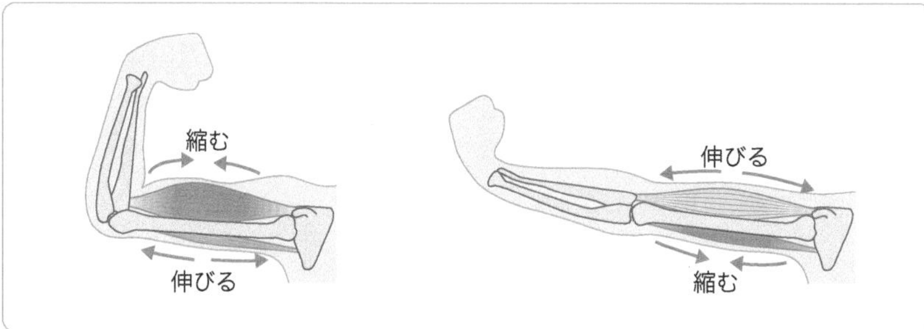

図12.9　筋肉の伸び・縮みと関節の動きの関係
例えば肘関節での腕の曲げ伸ばしでは，腕の内側の筋肉が収縮し同時に外側の筋肉が伸びると腕が曲がる。反対に，外側の筋肉が収縮し内側の筋肉が伸びれば腕は伸びる。

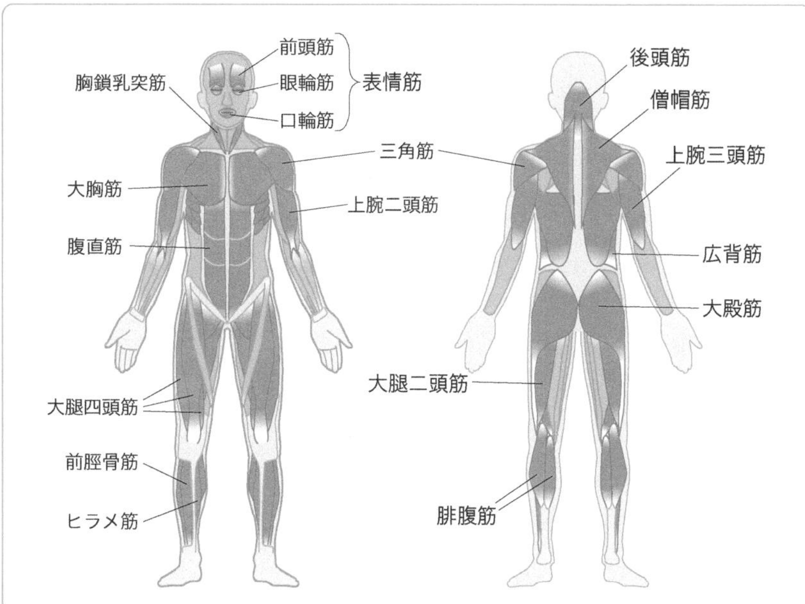

図12.10　全身の骨格筋の概観

C. 筋肉に関係する病気

筋肉（骨格筋）の病気の多くは，その筋肉を動かす**神経の障害**で起こるもの（筋萎縮性側索硬化症〈ALS，p.66参照〉，脊髄小脳変性症，重症筋無力症，ハンチントン病など）と，**筋肉自体の障害**で起こるもの（筋ジストロフィーなど，下記参照）に分けられる。どちらも次第に筋力が低下し，生活に必要な動作や姿勢を保つことが困難となる。また呼吸や嚥下に関わる筋肉に筋力低下がおよべば，直接命にかかわってくる。治療法のみつかっていない病気が多く，衛生状態の改善を含む心身のケアが，生活の質の向上と，余命の伸長にも重要である。遺伝性の病気も多い。

筋ジストロフィー

慢性に**筋肉の萎縮・筋力低下**が進行する。遺伝性の病気で，原因となる遺伝子変異の異なるいくつかの型がある。**遺伝子検査**で診断が確定される。

最も頻度の高い**デュシェンヌ型**では，**幼児期**に起立や歩行の異常（転びやすさ，動揺性歩行など）が出現，10歳前後で**歩行困難**となり，30歳前後で亡くなる例が多い。以前は**呼吸不全**での死亡が多かったが，近年は呼吸管理技術の向上で寿命が延び，心筋の異常による**心不全**で亡くなる人が増えている。対症療法が治療の基本で，呼吸不全（呼吸筋萎縮による呼吸困難，喀痰排出困難など），心不全，体幹の筋委縮による脊柱側弯，歩行機能喪失による骨脆弱化（骨折リスク増大）への対策が必要。

デュシェンヌ型とベッカー型では**X染色体上**の遺伝子（ジストロフィン）の異常で起こり，**発症は男性**にほぼ限られている。男性はX染色体を1つしかもたないためである。女性はX染色体を2つもつので，遺伝子異常のあるX染色体があっても，もう1つの正常なX染色体がカバーするので発症しないが，この女性（**保因者**）から生まれる男児は50%の確率で発症する。

なお筋ジストロフィーの他の型では，常染色体（性染色体以外の22対の染色体）のいずれかに原因遺伝子があるため，発症に性差はない。

D. 筋肉に関わるその他の病気・問題

i）周期性四肢麻痺

血液中の**カリウム低下**などで**脱力発作**が起こる。甲状腺機能亢進症などの内分泌疾患に合併するものが代表的。

ii）横紋筋融解症

熱中症や外傷，糖尿病，脂質異常症治療薬の副作用などで起こることがある。筋肉が壊れ，筋収縮に関わるタンパク質（**ミオグロビン**）が血液中に流出，腎臓の尿細管が障害されて**急性腎不全**が起こる。壊れた筋肉からのカリウム流出で**高カリウム血症**となり，致死的不整脈が起こることもある。

iii）フレイルと廃用性萎縮

フレイルとは，高齢者などで活動量が低下，筋肉・筋力が減少し，疲労感などが慢性に続いている状態のことを指す。筋肉は使わないとどんどん萎縮していき（**廃用性萎縮**），結果としてその筋肉が付いている骨もスカスカ（**骨粗鬆症**）になっていく[15]。**転倒**のリスクや**歩行障害**が起こり，**要介護状態**につながる可能性が高い。高齢化の進むわが国では大きな社会的問題でもある。

章末演習問題

以下の各問の正誤を考えよ。

問1　骨は，体内で最大のカルシウムの貯蔵庫である。　□正　□誤

問2　骨粗鬆症は閉経後の女性で多い。　□正　□誤

問3　骨では血液が作られている。　□正　□誤

問4　関節リウマチの発症は30～50代の女性に多い。　□正　□誤

問5　高齢女性が転んで立ち上がれなくなった場合には，股関節で大腿骨骨折が起きていることが多い。　□正　□誤

問6　横紋筋は随意筋，平滑筋は不随意筋である。　□正　□誤

問7　熱中症では，筋肉の融解により急性腎不全や致死的不整脈が起こることがある。　□正　□誤

問8　筋萎縮性側索硬化症（ALS）の原因は，筋肉の異常である。
□正　□誤

15　骨粗鬆症は，神経の問題による筋萎縮でも起こる。また，宇宙空間では重力がかからないので，重力に抗して立ったり背中をのばしたりする筋肉，歩いたり腕を上げたりする筋肉は使わないために萎縮し，その筋肉がつく骨もスカスカになる。これを防ぐために宇宙空間で長時間過ごすときは筋トレが欠かせない。そうでないと地上に戻った時に歩けなくなってしまう。廃用性萎縮によるフレイルと同じである。

第13章 睡眠の仕組みと病気

13.1節 睡眠の仕組み

A. 浅い眠り・深い眠り・レム睡眠の90分サイクル

睡眠は大きく**ノンレム睡眠**と**レム睡眠**に分けられる（**図13.1**）。健康な成人の一晩の睡眠では，〔浅いノンレム睡眠⇒深いノンレム睡眠（深睡眠）⇒レム睡眠〕の順番で構成される**約90（〜100）分のサイクル**が数回（4〜5回程度，個人差あり）くり返されている。

このうち，浅いノンレム睡眠は，覚醒よりも少し遅い脳波が目立つ程度の第一段階（stage1）と，それに続く段階（stage 2：この段階に独特の脳波がみられる）からなる。深いノンレム睡眠（図ではstage3，4）では高振幅の徐波（2Hz以下のデルタ波）が脳波の中心となる。90分サイクルの最後にくる**レム睡眠**は，脳波上は覚醒に近い**浅い眠り**で，**夢**を見ていることが多い。この90分サイクルが終わると次の90分サイクルに移る。眠りの浅い時には目も覚めやすい。

なお，睡眠中は覚醒時よりも**筋肉（骨格筋）の緊張**が低下している（緩んでいる）が，特にレム睡眠ではこれが顕著で，筋肉の緊張はほぼゼロに近い[1]。

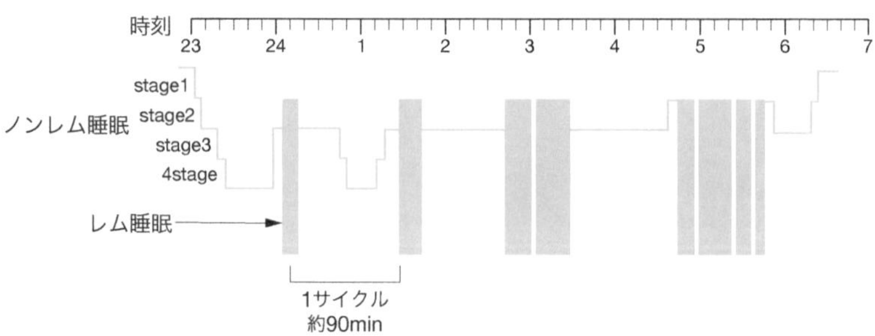

図13.1　成人の一晩の睡眠の例（23時ころ寝て7時ころ起きる場合）

B. 一晩の睡眠の前半と後半の違い

一晩の睡眠でみると，**深いノンレム睡眠は前半**に多く，あとの時間になるほど**レム睡眠**と浅いノンレム睡眠が増える[2]。したがって朝方に近づくほど夢が多く，目も覚めやすい。なお，下垂体ホルモンの1つである**成長ホルモン**（タンパク質の合成促進作用などがある）は，睡眠前半の深いノンレム睡眠で多く分泌される。

C. 年齢による睡眠の変化

新生児では**睡眠時間が1日の3分の2**を占め，**ノンレム睡眠，レム睡眠の割合は半々**である。また昼夜を問わず1日に何回も寝たり起きたりをくり返す。睡眠時間（特にレム睡眠の時間）は成長とともに減少し，小学生の頃には回数も1日1回（通常は夜）となる。

成人以後も**加齢とともに睡眠時間は減少**する。**特に深睡眠**の減少が大きく，睡眠全体が浅くなる（**夜間の中途覚醒**も増える）。このため，若いうちは睡眠不足のあと長時間眠ってそれを補うことができる人も，30代，40代と年齢が進むにつれそれが難しくなる（平日の睡眠不足を休日に補えないため，普段の睡眠不足の影響が残りやすい）。なお高齢になると睡眠の回数は増し，一日中**寝たり起きたり**をくり返す生活になっていく。

D. 明暗，覚醒時間と睡眠

夜周囲が暗くなると，脳の松果体から**メラトニン**が分泌され，脳を含めて体全体を眠りのモードに導く。メラトニンは**光（特にブルーライトのように波長の短い光）で分泌が阻害**されるので，夜にスマホの画面などを見ることは，睡眠を妨げることになる。

E. 睡眠・覚醒のリズムとその障害

ヒトの睡眠・覚醒周期は元々は24時間より少し長いが，太陽の昇り沈み

1　レム睡眠中は筋肉が完全に緩んでいるため，夢を見ている間，夢で体験しているとおりに体が動くことはない。レム睡眠中，覚醒がより高まった状態が**金縛り**で，「目が覚めている感覚の中で（筋弛緩のため）動けない」状態となる。

2　このため睡眠時間を短くしても，深い睡眠（睡眠の前半に多い）はそれほど減らないが，レム睡眠は大きく減少する。レム睡眠とノンレム睡眠は質的にまったく違う睡眠で，役割も異なる。睡眠は脳と体の休養，また昼間経験したことや学んだことの整理や定着に不可欠だが，そこでの役割もレム睡眠とノンレム睡眠では異なる。このため，必要な睡眠時間をとらないと，レム睡眠（および浅いノンレム睡眠）が大きく不足し，心身の機能と健康がダメージを受ける。

Column 睡眠とコルチゾール・体温

副腎皮質ホルモンのコルチゾール分泌と体温の日内変動は，睡眠に大きく影響する（図 13.2）。コルチゾール（俗にいうストレスホルモン）は覚醒を高める作用があり，通常は朝起きる 3 ～ 4 時間前から次第に増加し，覚醒直前に急増して，覚醒を促す。それに少し遅れて体温も上昇を始める。体温は昼過ぎに最も高くなり，そのあとは入眠の少し前に下がり始める。逆にいえば，夜体温が下がりはじめた頃が，最も寝つきやすい。

コルチゾール分泌や体温の日内変動のリズムは強く固定されており，睡眠時間帯を変えても簡単には動かない。このため海外旅行などで寝る時間を急に変えようとしてもうまく眠れず，睡眠の質が低下する。同様に，交代勤務では睡眠の質が低下する。この問題は，普段よりも早く眠ろうとする場合（海外旅行なら東向きでの移動）に特に大きい。夜更かしをした場合は比較的すぐ寝つけるが，いつもより早寝をしようとしてもなかなか眠れないのと一緒である。

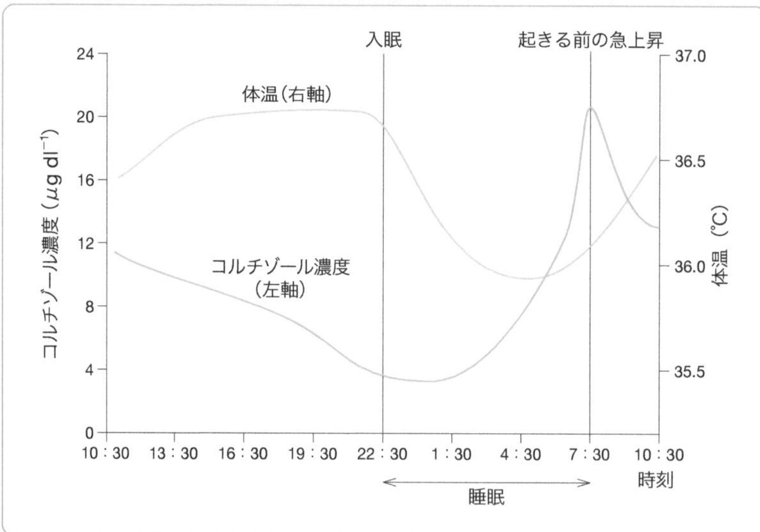

図13.2　コルチゾール濃度と体温の日内変動および睡眠との関係
コルチゾール濃度は睡眠の後半で上昇し，さらに朝起きる前に急上昇する（そのほか，ストレスがかかった時も上昇する）。体温は睡眠中が最も低いが，朝が近づくと，コルチゾールの上昇に少し遅れて高くなる。午後から夜にかけて最も高い。

（明暗）とそれに伴う社会活動の周期に合わせて，睡眠・覚醒の周期も日々24時間に調節されている。夜に人工の強い明かりを見たり，一人で部屋にこもって外界との接触の乏しい生活を続けたりすると調節の手がかりが失われ，睡眠・覚醒のリズムや周期は乱れやすくなる。

F. 睡眠を担う脳の部位

睡眠と覚醒およびそのサイクルは，視床下部を含めた脳幹部，特に視交叉上核（目から出た左右の視神経が交差する場所のすぐ上にある）が担っている。

13.2節 睡眠の病気

A. 不眠症

不眠症[3]は入眠障害と持続障害に分けられるが，両方を伴う場合も多い。**不安・緊張**に伴う不眠（試験の前などに経験した人もいるだろう），**睡眠・覚醒リズムの乱れ**に伴う不眠，**うつ病**などの精神疾患による不眠，**加齢**等で脳の眠る力が低下して起こる不眠などがある。

B. 過眠症

日中の過度の眠気と居眠りで生活が障害される病気。原因不明の過眠症（**突発性過眠症**），ナルコレプシー（後述）が含まれる。なお日中の眠気や居眠りそのものの原因としては，**睡眠不足**が最も一般的である。**睡眠時無呼吸症候群**，**うつ病**などで起こる例も多い（うつ病では不眠・過眠がともに起こりうる）。**睡眠・覚醒リズムの乱れ**でも不眠・過眠がともに起こる。

C. 睡眠時無呼吸症候群

多いのは閉塞性の睡眠時無呼吸症候群で，「睡眠時の筋緊張低下で舌根などが下がる ⇒ 気道がふさがり無呼吸（または低呼吸）に ⇒ 息苦しさから中途覚醒」をくり返し，結果的に睡眠不足が続き，昼間の眠気や居眠り（過眠）が増える（定義上，1時間あたり5回以上の無呼吸または低呼吸が起きる場合を睡眠時無呼吸症候群とよぶ）。原因として，**体重増加・肥満**，**飲酒**や**ベンゾジアゼピン系薬剤**の使用（筋緊張を低下させる）のほか，下顎の大きさや形[4]が影響する。中年，男性でリスクが高い。頻度は低いが，中枢神

3　不眠に用いる睡眠薬は，ベンゾジアゼピン受容体に働くタイプ，メラトニン受容体に働くタイプ，オレキシン受容体を一時的に遮断するタイプの3つに大きく分けられる。このうち最も古くからあるのがベンゾジアゼピン受容体に働くタイプだが，依存性や転倒，一時的な記憶消失などのリスクから，最近では避けられる傾向にある。

経や心臓の機能不全のために呼吸運動そのものが一時的に止まる，中枢性の睡眠時無呼吸症候群もある。閉塞性・中枢性ともに低酸素の状態をくり返すため，**高血圧**，**動脈硬化**が進んで，**心筋梗塞**や**脳卒中**のリスクが上がる。

D. ナルコレプシー

脳内の**オレキシン**[5]低下で起こる比較的稀な病気。レム睡眠出現のコントロールが悪くなり，日中も強烈な眠気・居眠りが頻回に出現する。喜怒哀楽など情動の動きに連動して筋緊張の低下が突然起こり，力が抜けて倒れこむ発作（**情動脱力発作**）がみられる。夜間の睡眠も障害されて実質的に慢性の睡眠不足となり，そのことも過眠症状を悪化させている。またレム睡眠のコントロール異常から，**金縛り**が増えたり，入眠直後にレム睡眠による夢（**入眠時幻覚**）が出現することがある。

13.3節 睡眠に関連する他の病気

A. レストレスレッグス症候群（むずむず脚症候群）

下肢のほか体のさまざまな部位に，ムズムズするなどの，不快で耐えがたい感覚が出現する。このため，横になる・座っているなど，じっとしていることが困難となり，不眠にもつながる。鉄欠乏性貧血が原因となることがあり，その場合は鉄剤による貧血の治療で改善する（**コラム**）。妊娠や慢性腎不全でも起こりやすい（どちらも貧血と関連する。4章4.6節A参照）。

B. レム睡眠行動障害

高齢者に多い。レム睡眠中に筋肉の弛緩が不十分となって，夢でみているとおりに体を動かすようになる。喧嘩をしている夢で殴る動作をしたり，追いかけられる夢で歩き回ったりする。本人や寝室のパートナーが怪我をすることもある。**パーキンソン病**，**レビー小体型認知症**などαシヌクレインという物質と関わる**脳幹部**の病気に合併することが多く，それらの病気の前駆症状としてしばしばみられる。

4　小さい顎，後退した顎では舌が低下しやすいため，睡眠時無呼吸症候群が起きやすい。このためアジア人では欧米人よりも肥満度が同じでも起きやすい。

5　オレキシンは覚醒の維持に必要な脳のホルモン。新しい睡眠薬の多くは，オレキシンの働きを妨げることで眠りを誘発している。

Column 血液検査の基準値と正常値の違い

血液検査を受けると，それぞれの検査項目に，自分の血液の測定値のほか，カッコ内に書かれた基準値が表示されている。実はほとんどの検査項目では，このカッコ内の値は，これまでにその検査を受けた人での〔平均値± 1.96 ×標準偏差の範囲（基準値)〕を示しているだけで，「正常値」の範囲を示しているわけではない。貧血の指標を例にとると，ヘモグロビン（血色素）は男女で別の基準値が書かれていて，その範囲は女性の方が男性より低くなっている。これは女性では月経による鉄欠乏が多く，ヘモグロビンの平均値が男性より低いからである。女性では基準値の下限が 11 くらい（検査会社によって若干異なる）だが，「この下限を超えていれば OK」というわけではない。献血をしに行けばわかるが，ヘモグロビンが 12 未満の人は，貧血を理由に献血を断られる。鉄欠乏性貧血の治療の指標となるフェリチンでも，女性では基準値の下限は 5 前後になっているが，鉄剤による治療での改善の目標はずっと高く，基準値に入っているから十分というわけでは決してない。なおカッコ内に「正常値」が書かれている検査項目もわずかにあって，その代表は糖尿病の指標として使われるヘモグロビン A1c（NbA1c）など。また腫瘍マーカーでも「正常値」に近い意味での規準が示されている。

章末演習問題

以下の各問の正誤を答えよ。

問1 睡眠は，「浅いノンレム睡眠，深いノンレム睡眠，レム睡眠」の順で構成される約90分の睡眠サイクルのくり返しで構成される。

□正　□誤

問2 閉塞性睡眠時無呼吸症候群のリスク要因には男性，肥満，加齢，ベンゾジアゼピン系薬剤の使用がある。　□正　□誤

問3 閉塞性睡眠時無呼吸症候群では高血圧や脳梗塞のリスクが高まる。

□正　□誤

問4 うつ病では不眠も過眠も起こりえる。　□正　□誤

問5 ひきこもり生活は，睡眠・覚醒障害のリスク要因となりうる。

□正　□誤

問6 レム睡眠行動障害はアルツハイマー病の前駆症状としてしばしばみられる。　□正　□誤

問7 レストレスレッグス症候群（むずむず脚症候群）では貧血のチェックが必要である。　□正　□誤

第14章 がんとその治療，緩和医療，移植医療

14.1節 がんとその治療

A. がんの基礎知識

がんは，日本人のおよそ2人に1人ががかかる（国立がん研究センター，2017）。がんで死亡するのは，年間37万8千人（2020年データ）であり，日本人の死因の第1位となっている（厚労省，2020）。がんは年齢が高くなるほど罹患率が高くなるので，日本のように高齢化が進む国では今後さらに増えると予測される。

臓器別にみると，罹患数が多い順に，**男性では前立腺**，**胃**，**大腸**，肺，肝臓であり，**女性では乳房**，**大腸**，**肺**，胃，子宮の順になっている（**図14.1**）。なお，がんによる死亡数の1位，2位は，男性では肺がん，胃がん，女性では大腸がん，肺がんである。

がんは，発生する場所の違いから，**血液のがん**（白血病や悪性リンパ腫）と**固形がん**に分けられる。固形がんは，皮膚や粘膜などの表面の細胞（上皮細胞）から発生するがん（肺がん，乳がん，胃がん，大腸がん，子宮がん，卵巣がん，頭頚部がんなど）と，それ以外の細胞から発生するがん（骨肉腫など）に分類される。

	第１位	第２位	第３位	第４位	第５位
男性	前立腺	胃	大腸	肺	肝臓
女性	乳房	大腸	肺	胃	子宮
全体	大腸	胃	肺	乳房	前立腺

図14.1　がんの部位別罹患者数（国立がん研究センター. 全国がん登録（2017年）を元に作成）

がんのリスク要因としては，喫煙（肺がん，胃がんなど），感染（肝炎ウイルスによる肝がん，ヒトパピローマウイルスによる子宮頸がん，ピロリ菌による胃がんなど），飲酒（口やのど・食道のがん，肝がんなど），食生活（塩分過剰による胃がんなど）が知られている。

がんの進行度（**病期**）は，がんの大きさや広がり，がん細胞の悪性度，リンパ節や他の臓器への転移の有無によって判断される。国際的に用いられているTNM分類では，もともとの発生場所に小さくとどまっている0期から，全身にがんが広がっているⅣ期まで，5つの病期に分類され，予後の見通しや治療法選択に用いられている。

B. がんの治療

現在，がんに対する**標準治療**（エビデンスに基づいた最良の治療）は，**手術**，**化学療法**（抗がん剤，ホルモン剤，分子標的薬など），**放射線治療**の3つである。がんが局所にとどまっていれば手術や放射線治療が，リンパ節や他の部位にもひろがっていれば，化学療法のような全身療法が選ばれる。

がんの治療成績は年々上がっており，2009年から2011年にがんと診断された人の5年生存率は64.1％であった（国立がん研究センター，2020）。

C. がんの経過と心理状態

がんの治癒率は年々向上し，いわゆる不治の病ではなくなっているが，一般には「がん＝死」というイメージが残っている。このため，がんが疑われた段階から，がん患者とその家族には，さまざまな不安が生じる。がんが疑われた時から初期治療期，寛解・長期生存期，再発・転移，進行期，終末期にいたるまで，その病期に特有な心理状態がある（**図14.2**）。

がんの治療成績向上とともに，がん患者の生活上の問題を社会全体で支援する，**がんサバイバーシップ**が重要となってきた。その中でも注目されているのは，**就労支援**である。がん患者の3人に1人が就労世代であり，治療と就労を両立させるための取り組みが始まっている。2016年のがん対策基本法改正では，企業はがん患者の雇用継続に努めることが記された。医療機関においても，夜間診療の推進などの配慮がよびかけられている。また**AYA世代**（Adolescent and Young Adultの略：15歳～39歳の思春期～若年成人を指す）への支援も重視されている。AYA世代は，就学，就労，結婚，子育てと，人生の大きな変化を迎える時期であり，個別のニーズに合わ

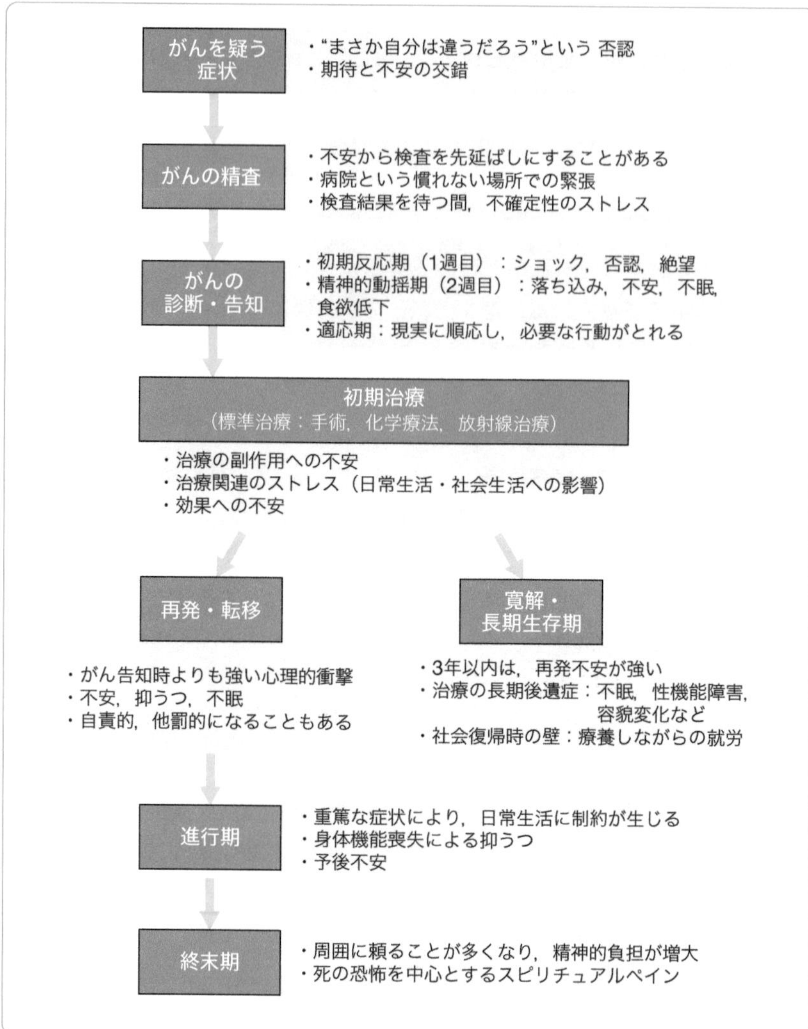

図14.2　がんの治療経過と心理状態

せた支援が必要となる。

D. がん患者に合併する精神疾患

がん患者には高頻度に精神疾患が合併する。主なものは**適応障害**，**うつ病**，**せん妄**の3つである（Derogatis et al., 1983）。

がん診療においては，療養期間中，患者・家族の心理状態やQOLをできるだけ良好に保持するために，精神科医，公認心理師など精神科専門職の介入が求められている。**精神腫瘍学（サイコオンコロジー）**は，「がん」と「心」が相互に与える影響を研究する目的で発展してきた，新しい学問である。精神腫瘍学（サイコオンコロジー）の研究成果をもとに，精神科専門職が患者・家族への適切な情報提供，情緒的支援，合併する精神疾患への診療を行っている。

i）適応障害，うつ病

がん患者を取りまく身体的要因，危機的状況，喪失体験，社会的問題は，適応障害の原因となりうる（**図14.3**）。

適応障害への対応としては，原因の解除，ストレス反応への支持的カウンセリング，認知行動療法，マインドフルネス，抗不安薬の投与などが行われている。

1. 身体的要因

疼痛，呼吸困難感，倦怠感

2. 危機的状況

がんの告知，再発告知
ターミナルにおける死の恐怖

3. 喪失体験

身体機能の喪失，社会的機能の喪失
ボディイメージの変容・性機能障害
妊娠・出産への影響

4. 社会的問題

就労・就学，経済的問題，家族調整

図14.3　がん患者の適応障害の原因となるストレス

がんに合併するうつ病には，抗うつ剤の投与などが行われる。薬剤の選択では，肝機能・腎機能の低下や抗がん剤の併用に注意が必要である。

適応障害やうつ病の合併は，療養期間中のQOL低下，入院の長期化につながるほか，自殺のリスクも高める（がん患者の**自殺率は一般人口の約2倍**）。うつ病の合併は，進行・再発がん，若年であること，不十分な痛みのコントロール，社会的サポートの不足で増える。

ii）せん妄

せん妄は，さまざまな身体疾患あるいは薬物で起こる脳の機能不全である。注意と意識の障害が起こり，記憶障害，見当識障害，気分の障害，行動上の問題など多彩な精神症状を呈する（DSM-5，2014）。またせん妄は，短期間（数時間～数日）のうちに出現し，1日のうちでも症状が変動する特徴がある。

せん妄は，幻覚妄想や不穏がみられる**過活動型せん妄**，見当識障害と傾眠を主症状とする**低活動型せん妄**，時間帯によって双方の特徴をもつ**混合型せん妄**に分類される。

せん妄の原因は，**準備因子**，**直接因子**，**促進因子**に分けられる（**図14.4**）。準備因子には，年齢や元々もっていた病気が，直接因子にはせん妄の直接の原因となる身体状況や薬物が，促進因子には環境変化や心理的要因，睡眠妨害要因，身体的ストレスが含まれる。

準備因子	直接因子	促進因子
・認知症	・薬物（オピオイド，ステロイド，ベンゾジアゼピン系）	・環境変化（入院，ICUなど）
・65歳以上の高齢者	・脳の器質疾患	・心理的要因
・せん妄，脳血管障害の既往	・電解質異常	・睡眠妨害要因
・慢性腎疾患，慢性肝疾患	・血糖値の異常	・身体的ストレス（便秘，疼痛，呼吸困難）
	・感染	
	・手術侵襲	

図14.4　せん妄の主な原因（Lipowski, 1990）

14.2節 緩和医療

A. 緩和医療とは

緩和ケアは「生命を脅かす疾患をもつ患者と家族に対して，罹病の早期から，身体的・心理的・社会的・スピリチュアルな問題に対応し，生活の質（QOL）を向上させるための取り組み」と定義されている（2002年，WHOの定義から抜粋）。

今世紀に入るまでは「緩和医療（緩和ケア）」イコール「治療の手立てがなくなった人の終末期医療」と考えられがちだったが，現在では，病気そのものの治療と並行して罹病早期から行うべきケアと考えられている（**図14.5**）（**コラム**）。

2022年現在，日本では悪性腫瘍，後天性免疫不全症候群（AIDS），末期心不全の3疾患で，公的保険による緩和ケアの実施が認められている。

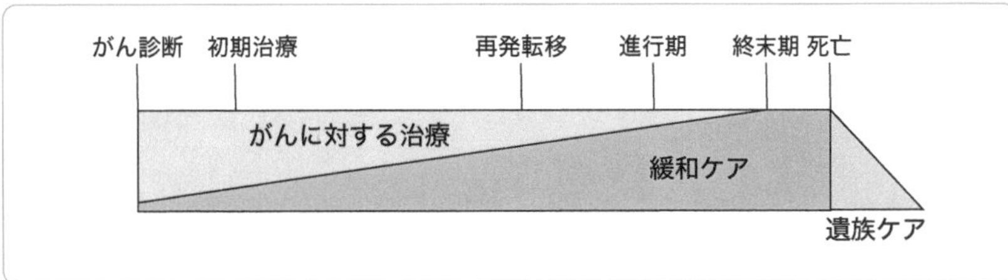

図14.5　がん患者の治療で緩和医療の占める割合—病期による変化

Column　終末期医療・終末期ケアとリビングウィル

終末期とは，医師が回復を期待できないと判断し，患者本人や家族などの関係者がそれを納得しており，死を予測して対応を考える時期のことを指している。図14.5にも示したとおり，現在の緩和ケアは，疾患の早期から行われるものであるが，終末期に行われる緩和ケア（**終末期ケア**）としては，“死にゆくことの自然な過程を尊重しながら，最期まで能動的に生きることを支援すること”とされている（WHO“緩和ケアの定義”より。緩和ケア関連団体会議定訳　2018）。

リビングウィルとは，自分自身での判断・意思表示が困難になると予想される終末期の医療・ケアの選択について，患者が事前に意思表示しておく文書のことである。リビングウィルの作成においては，患者本人の意思が最優先されるが，家族と理解を共有しておくことが重要である。治療やケア，療養に関して，患者，家族，医療者があらかじめ話し合うプロセスが，**アドバンス・ケア・プランニング**（Advance Care Planning：ACP）である。

B. 緩和医療の実際

生命を脅かす疾患で療養中の患者の苦痛は，**身体的苦痛**ばかりでなく，**精神的苦痛**，**社会的苦痛**，そして**スピリチュアルペイン**を含む**全人的苦痛**である。緩和医療は，これらすべての苦痛の緩和を目標としている（**図14.6**）。

がん性疼痛や呼吸困難などの身体的苦痛には，**医療用麻薬**（**オピオイド**）も使用される。精神的苦痛としては，多くのがん患者が感じる不安や落ち込みのほか，適応障害，うつ病，せん妄など精神疾患の合併がある。社会的苦痛としては，経済的問題，家族の問題（子育て・教育・介護・その他のケアなど），社会的役割の喪失がある。スピリチュアルペインは実存的苦悩ともいわれ，「人間存在の基盤に関わる問いかけであり，生きている意味や目的に関すること」と定義されている（WHO）。例えば，「死んだら，自分は

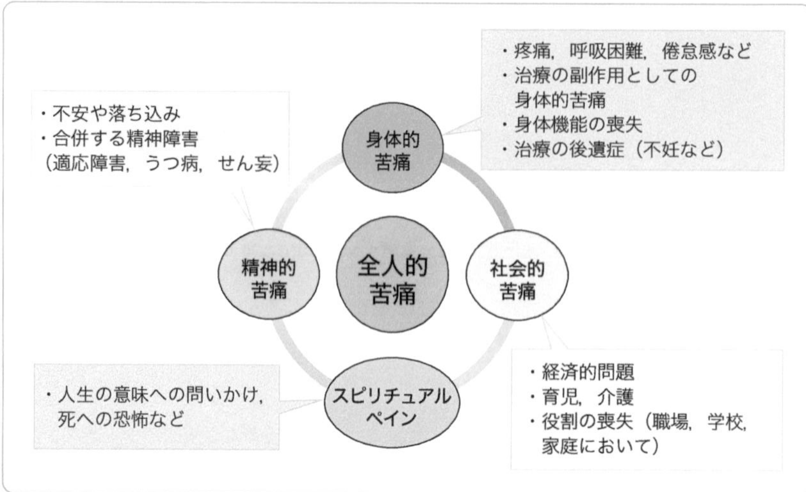

図14.6　患者が抱える全人的な苦痛

どうなるのか」「私の人生の意味は何だったのか」などの問いかけである。

緩和医療には，家族の心身のサポート（**家族ケア**），死別後の遺族の悲嘆に対する**グリーフケア**も含まれる。グリーフケアでは，強い悲嘆が長期に持続し，生活に支障をきたす**複雑性悲嘆**へのケアが重要である。

患者・家族の全人的苦痛の緩和には，身体的苦痛の緩和を担当する医師，精神症状の緩和を担当する医師，緩和ケアの経験をもつ看護師と薬剤師，心理職，ソーシャルワーカー，栄養士，リハビリ専門職など，多くの職種が集結して支援する，**多職種協働チーム医療**が欠かせない。

C. 緩和医療の施設別形態

一般病院内では，コンサルテーションチーム（**緩和ケアチーム**）による一般病棟でのケアのほか，**緩和ケア病棟**（**ホスピス病棟**）でのケアが行われている。一般病院以外では，終末期医療に特化したホスピスや，在宅患者に対して往診でケアする**在宅ホスピス**がある（**コラム**）。

Column ホスピスの歴史

ホスピスは，元来“親切なもてなしの場”を意味する *hospitum*（ラテン語）を語源とする言葉である。中世ヨーロッパにおいて，教会がその付属施設において，病いや貧困，抑圧に苦しむ人たちに，信仰に基づくケアを提供したのが始まりである。中世のホスピスが宗教的ケアであったのと比較して，**現代型ホスピス**は，医療が主体である。“医療者が中心となって，病で死にゆく人たちの全人的苦痛に対して，患者の尊厳を守りつつ，癒しと思いやりのあるケアを提供する”という理念に基づく現代型ホスピスは，1967年に英国でシシリー・ソンダースによって創設されたセントクリストファーホスピスが最初といわれている。

14.3節 移植医療

A. 臓器移植の概要

臓器移植は，他のあらゆる治療を行っても改善する見込みがなく，移植を受ければ生命予後やQOLが改善する見込みがある場合に検討される。臓器移植には，**腎臓移植**，**肝臓移植**，**心臓移植**，膵臓移植，肺移植，小腸移植，血液のがんに対して行われる**造血幹細胞移植**や，角膜移植がある。

臓器提供を受ける患者を**レシピエント**，臓器提供する人を**ドナー**とよんでいる。

B. 移植の種類

臓器移植には，亡くなった人から臓器の提供を受ける移植と，生きている人から提供を受ける生体移植がある（日本移植学会HPより）。

亡くなった人からの臓器提供を受けるには，日本臓器移植ネットワークに登録して待機する。臓器移植ネットワークへの登録から移植手術までの平均**待機期間**は，2022年現在，心臓移植で3年，肝臓移植で1年，膵臓移植で3年半，腎臓移植では15年である（日本臓器移植ネットワークHPより）。

生体移植のドナー（**生体ドナー**）となるのは，日本では原則として親族に限られている。

C. 移植後の生活

移植後は，**拒絶反応**を避けるために，生涯にわたって**免疫抑制剤**の服用が必要となる。飲み忘れが拒絶反応につながってしまうため，厳密なアドヒアランス（服薬遵守）が求められる。また免疫抑制剤の服用により免疫力が低下するため，移植後は感染症を避ける生活様式を求められる。

章末演習問題

以下の各問の正誤を答えよ。

問1　がんは日本人の死因の第1位である。　□正　□誤

問2　わが国の部位別罹患者数は，男性では前立腺がんが最も多く，女性では子宮がんが最も多い。　□正　□誤

問3　がんに合併する精神疾患として，最も多いのは不安症である。　□正　□誤

問4　がん患者の自殺率は，一般人口の約2倍である。　□正　□誤

問5　せん妄は，心理的ストレスによって引き起こされる。　□正　□誤

問6　がん緩和医療は，がんに対する積極的な治療がなくなった終末期に開始される。　□正　□誤

問7　緩和医療におけるスピリチュアルペインとは，人生の意義や目的と関連した実存的な内容が多い。　□正　□誤

問8　移植医療の予後には，免疫抑制剤のアドヒアランス（服薬遵守）が大きく影響する。　□正　□誤

〈引用文献〉

Derogatis, L. R., Morrow, G. R., Fetting, J. et al.（1983）. The prevalence of psychiatric disorders among cancer patients. *JAMA*. 249:751-757.

国立がん研究センター がん情報サービス（2017）.「がん登録・統計」（全国がん登録） https://ganjoho.jp/public/institution/registry/index.html

国立がん研究センター がん対策情報センター（2020）. 全国がん罹患モニタリング集計　2009-2011年生存率報告. https://ganjoho.jp/public/qa_links/report/ncr/pdf/mcij2009-2011_report.pdf

厚生労働省（2020）. 人口動態統計 https://www.mhlw.go.jp/toukei/saikin/hw/jinkou/kakutei20/dl/10_h6.pdf

Lipowski, Z. J.（1990）. Delirium: Acute Confusional States. Oxford University Press, New York.

日本移植学会　http://www.asas.or.jp/jst/general/qa/all/qa2.php

日本精神神経学会監訳（2014）. DSM-5 精神疾患の分類と診断の手引き. p.276. 医学書院.

日本臓器移植ネットワーク　https://www.jotnw.or.jp/explanation/07/05/

第15章 国際生活機能分類（ICF）

15.1節 国際生活機能分類（ICF）とは

障害に関する国際的な分類としては，世界保健機関（WHO）が1980年に発表した国際障害分類（ICIDH：International Classification of Impairments, Disabilities and Handicaps）が当初用いられたが，2001年にその改訂版として**国際生活機能分類**（**ICF**：International Classification of Functioning, Disability and Health）がWHOで採択され，人間の生活機能とその障害を分類する方法として広く用いられるようになった。

以前のICIDHでは，障害を**図15.1**のような3つのレベルで分類し，障害をマイナスなもの，克服すべきものと捉えていたが，それに代わる新しい考え方として発表されたのがICFである。

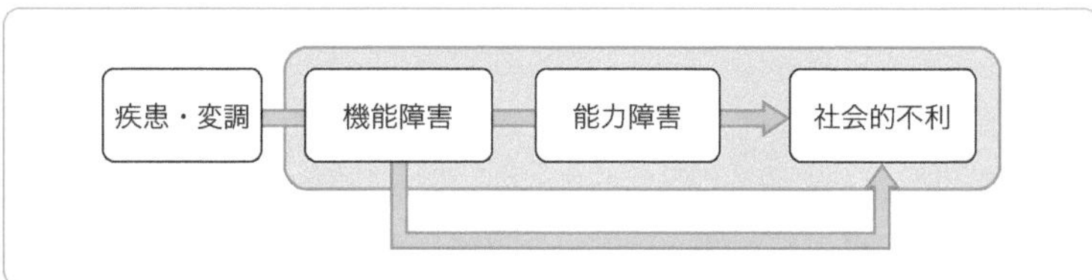

図15.1　以前の国際障害分類（ICIDH）

ICFでは，病気（疾患）・変調について，「障害」という面だけに限らず，生活機能との関わりの中で包括的に理解し評価することを目指している（**図15.2**）。したがって「障害者」に限らず，あらゆる人々の健康状態（変調または病気）に伴って起こる「心身機能・身体構造（の変化）」と「生活機能（日常生活と社会生活への参加の状況）」が評価の対象となる。

また「障害によって何ができないか」だけでなく，「何ができるか」にも着目し，個人の強み（個人因子）やバリアフリーなど環境資源を活かした社会的活動など（社会因子）によって障害の程度を軽減させていくという考え（**ストレングス・モデル**）に沿って評価する。

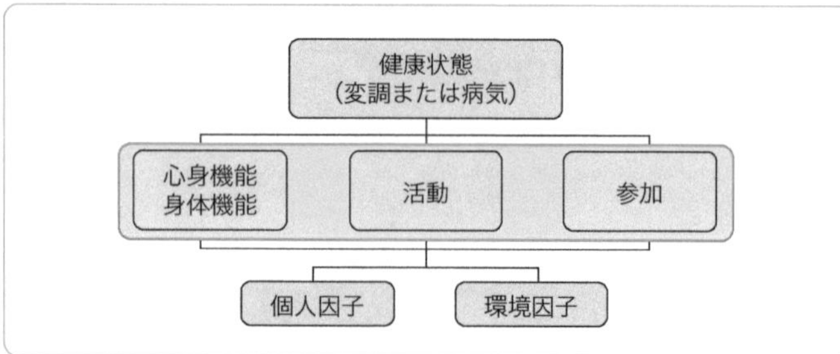

図15.2 国際生活機能分類(ICF)

15.2節 ICFで何を評価するか

ICFはWHOの国際分類の中心分類（Reference Classification）に属するが，中心分類にはICFのほかに**ICD**(国際疾病分類）と**ICHI**(医療行為の分類）がある[1]。このうち病気（疾病）そのものを分類するICDと，生活機能の状態を評価するICFは車の両輪のような関係にある。同じ病気に罹患していても（図15.2の一番上)，心身の機能や身体構造への影響（例えば手足がどれくらい不自由になっているか，視力がどれくらい損なわれているか等）は個人や時期によって異なる。また心身の機能や身体構造への影響が同じ程度あっても，どのような生活が送れて社会生活にどれくらい参加できるかは，各個人のもつ要因とその人が生きる環境（図15.2の「個人因子」と「環境因子」）の違いで異なってくる。このうち**個人因子**には性別，年齢，人種，成育歴や教育歴，職歴，性格や行動様式などが含まれる。また，**環境因子**には居住地の物理的環境（例えば，車いすであっても移動できる環境か等)，家族や地域住民，行政からのサポート（心理的サポートを含めて）等が含まれる。つまり生活機能の評価では，病気や不調の診断そのものに加えて,（図15.2に記されたような）さまざまな段階での機能・状態・要因を検討する必要がある。

なお，ICFは本来，健康に関連する国際分類だが，保険，社会保障，労働，教育，経済，社会政策，立法，環境整備のような領域でも利用される。

1 ICDは，ICD-11(国際疾病分類第11版)が最新版で，ICHIは作成の最終段階にある(2022年11月現在)。

15.3節 ICFの記述方法

ICFの評価内容は，大きく「生活機能と障害」と「背景因子」（それぞれ図15.2の中段と下段）に分けられ，前者は「心身機能と身体構造」と「活動と参加」に，後者は「個人因子」と「環境因子」に分けて評価される。評価項目は，最も大まかな第1レベル（**表15.1**）から，それぞれについて次第に細かく第4レベルまで定義されている[2]。なお，**表15.2**に，「心身機能」「身体構造」「活動と参加」「環境因子」それぞれの第1レベルの最初の章である「精神機能」，「神経系の構造」，「学習と知識の応用」，「生産品と用具」それぞれについての第2レベルでの評価カテゴリーを記したので，理解の助けとしてほしい。また各カテゴリーには番号がふられているが，そのつけ方を注3に記す。

また各カテゴリーにどのような評価点をつけるかを，**表15.3**に記した。すなわち「心身機能」「活動と参加」については，「問題なし」「軽度の問題」から「重度の問題」「完全な問題」まで5段階で評価する。ただし情報の詳細不明な場合，該当しない（非該当）場合は，そのように評価しておく。一方「環境因子」については，それがネガティブに（阻害因子として）働いている場合は「阻害因子なし」から「完全な阻害因子」の5段階（および「詳細不明の阻害因子」）で，ポジティブに（促進因子として）働いている場合は「促進因子なし」から「完全な促進因子」の5段階（および「詳細不明の促進因子」）で評価する。

2　このためICFのカテゴリー数は約1500におよぶ。

3　評価のためのカテゴリーは4つのアルファベット（b, s, d, e）と数字の組み合わせで番号付けされている。アルファベットのうちbは「心身機能」，sは「身体構造」，dは「活動と参加」，eは「環境因子」を表している。なお「個人因子」には（評価）カテゴリーは決められていないので，対応するアルファベットもない。また数字は表15.1に示した第1レベルでは1桁，表15.2に示した第2レベルでは3桁，一番細かい第4レベルでは5桁となっている。

表15.1　第1レベルの分類とカテゴリー

心身機能	
b1 第1章	精神機能
b2 第2章	感覚機能と痛み
b3 第3章	音声と発話の機能
b4 第4章	心血管系・血液系・免疫系・呼吸器系の機能
b5 第5章	消化器系・代謝系・内分泌系の機能
b6 第6章	尿路・性・生殖の機能
b7 第7章	神経筋骨格と運動に関連する機能
b8 第8章	皮膚および関連する構造の機能
身体構造	
s1 第1章	神経系の構造
s2 第2章	目・耳および関連部位の構造
s3 第3章	音声と発話に関わる構造
s4 第4章	心血管系・免疫系・呼吸器系の構造
s5 第5章	消化器系・代謝系・内分泌系に関連した構造
s6 第6章	尿路性器系および生殖系に関連した構造
s7 第7章	運動に関連した構造
s8 第8章	皮膚および関連部位の構造
活動と参加	
d1 第1章	学習と知識の応用
d2 第2章	一般的な課題と要求
d3 第3章	コミュニケーション
d4 第4章	運動・移動
d5 第5章	セルフケア
d6 第6章	家庭生活
d7 第7章	対人関係
d8 第8章	主要な生活領域
d9 第9章	コミュニティライフ・社会生活・市民生活
環境因子	
e1 第1章	生産品と用具
e2 第2章	自然環境と人間がもたらした環境変化
e3 第3章	支援と関係
e4 第4章	態度
e5 第5章	サービス・制度・政策

表15.2　第2レベルの分類とカテゴリー（抜粋）

心身機能

第1章　精神機能

　全般的精神機能（b110-b139）

　　b110　意識機能

　　b114　見当識機能

　　b117　知的機能

　　b122　全般的な心理社会的機能

　　b126　気質と人格の機能

　　b130　活力と欲動の機能

　　b134　睡眠機能

　　b139　その他の特定の，および詳細不明の，全般的精神機能

　個別的精神機能（b140-b189）

　　b140　注意機能

　　b144　記憶機能

　　b147　精神運動機能

　　b152　情動機能

　　…

第2章　感覚機能と痛み

　…（以下略）

身体構造

第1章　神経系の構造

　　s110　脳の構造

　　s120　脊髄と関連部位の構造

　　s130　髄膜の構造

　　s140　交感神経系の構造

　　s150　副交感神経系の構造

　　s198　その他の特定の，神経系の構造

　　s199　詳細不明の，神経系の構造

第2章　目・耳および関連部位の構造

　…（以下略）

活動と参加

第1章　学習と知識の応用

　目的をもった感覚的経験（d110-d129）

　　d110　注意して視ること

　　d115　注意して聞くこと

　　d120　その他の目的のある感覚

　　d129　その他の特定の，および詳細不明の，目的をもった感覚経験

表15.2 (つづき)

基礎的学習(d130-d159) d130　模倣 d135　反復 d140　読むことの学習 d145　書くことの学習 d150　計算の学習 d155　技能の習得 d159　その他特定の, および詳細不明の, 基礎的学習 第2章　一般的な課題と要求 …(以下略)
環境因子
第1章　生産品と用具 e110　個人消費用の生産品や物質 e115　日常生活における個人用の生産品と用具 e120　個人的な屋内外の移動と交通のための生産品と用具 e125　コミュニケーション用の生産品と用具 e130　教育用の生産品と用具 e135　仕事用の生産品と用具 e140　文化・レクリエーション・スポーツ用の生産品と用具 … 第2章　自然環境と人間がもたらした環境変化 …(以下略)

15.4節 ICFの活用

ICFは評価カテゴリーが多く(全部で1500以上におよぶ), 実際に使いこなすにはかなり煩雑な面がある。しかし, 1) 単に病気・障害の種類だけでなく, それに伴う「心身の機能と状態」,「日常生活における活動状況」,「対人活動・社会活動への参加」,「活動・参加を促す・あるいは妨げる環境因子と個人因子」を整理でき, それによって2) クライエントの状況を包括的に理解して対応・支援の方針を考えていくICFの考え方(図15.2参照)は, 医療・介護福祉・教育などさまざまな現場で有用と考えられる。

表15.3　ICFの評価点：心身機能, 身体構造, 活動と参加, 環境因子それぞれの全カテゴリーについて, それぞれ評価点をつける

「心身機能」,「身体構造」,「活動と参加」に対する評価点	
xxx.0	問題なし（なし, 存在しない, 無視できる）
xxx.1	軽度の問題（わずかな, 低い）
xxx.2	中等度の問題（中程度の, かなりの）
xxx.3	重度の問題（高度の, 極度の）
xxx.4	完全な問題（全くの）
xxx.8	詳細不明
xxx.9	非該当

「環境因子」の評価点			
xxx.0	阻害因子なし	xxx.+0	促進因子なし
xxx.1	軽度の阻害因子	xxx.+1	軽度の促進因子
xxx.2	中等度の阻害因子	xxx.+2	中等度の促進因子
xxx.3	重度の阻害因子	xxx.+3	重度の促進因子
xxx.4	完全な阻害因子	xxx.+4	完全な促進因子
xxx.8	詳細不明の阻害因子	xxx.+8	詳細不明の促進因子
xxx.9	非該当		

Column　ICFコアセット

ICFの膨大な数のカテゴリーの中から，個々の健康状態や病気，また用途ごとに評価カテゴリーを選んで組み合わせた**ICFコアセット**も開発されている。ICFコアセットは，ICF全体の代用にはならないが，臨床業務等，時間の限られた実務の現場でICFを使う場合に有用と思われる。

なお各コアセットは，それぞれの健康状態（病気）が必要とする医療・ケアの段階・経過（長さ）に応じて「急性期ケア」「亜急性期ケア」「長期ケア」に分けられているが，**うつ病**，**双極性障害**，**睡眠**のほか，心理臨床に関わりの深い**糖尿病**，**骨粗鬆症**，**関節リウマチ**やさまざまな**がん**などは「**長期ケア**」に分類されている。またICFコアセットには，包括ICFコアセットと，それに基づき作成された短縮ICFコアセット，公衆衛生・保健統計向けの一般セットがある。

膨大な数の評価カテゴリーのうち127項目のカテゴリーをまとめた**ICFチェックリスト**もWHOから提供されている。これも実際の臨床現場で利用するのに役立つだろう。

章末演習問題

以下の各問の正誤を答えよ。

問1　ICFでは，生活機能とその障害として「心身機能と身体構造」，「活動と参加」を，背景因子として「環境因子」と「個人因子」を評価する。

□正　□誤

問2　ICFの「心身機能」「身体構造」「活動と参加」「環境因子」には評価のためのカテゴリーが定められている。　□正　□誤

問3　評価のためのカテゴリーには，アルファベット（b, s, d, eのいずれか）と数字の組み合わせによる番号がつけられている。

□正　□誤

問4「個人因子」では，評価のためのカテゴリーは特に決められていない。

□正　□誤

文献

厚生労働省（2002）.「国際生活機能分類—国際障害分類改訂版—」（日本語版）の厚生労働省ホームページ掲載について
https://www.mhlw.go.jp/houdou/2002/08/h0805-1.html

世界保健機構（WHO）（2002）. 国際生活機能分類—国際障害分類改訂版—. 中央法規.
https://apps.who.int/iris/bitstream/handle/10665/42407/9241545429-jpn.pdf?sequence=313&isAllowed=y

WHO. International Classification of Functioning, Disability and Health（ICF）
https://www.who.int/standards/classifications/international-classification-of-functioning-disability-and-health

章末演習問題の解答と解説

第1章

問1 ○　**問2** ○　**問3** ○　**問4** ○　**問5** ○　**問6** ×：×：ピロリ菌は胃酸で殺菌されずに胃の中で生息し，慢性胃炎や胃がんのもととなる（p.13）　**問7** ×：消化は，気持ちがゆったりして副交感神経が働く時に活発になる（p.7）。　**問8** ○　**問9** ○　**問10** ×：男性では肺がんによる死亡が最多。女性では肺がんと大腸による死亡が多い。　**問11** ×：小腸で吸収された栄養素は，まずは門脈を通って肝臓に運ばれる（p.11）。　**問12** ○　**問13** ×：慢性肝炎，肝がんに発展するのはB型やC型肝炎（p.15）。　**問14** ○　**問15** ○

第2章

問1 ×：日本人の死因第1位はがん（悪性腫瘍）で，心疾患は第2位。　**問2** ×：心不全とは，さまざまな心疾患が重篤となり，心臓のポンプ機能の代償がきかなくなった状態。**問3** ○：虚血性心疾患は動脈硬化によって起こることが多い。　**問4** ×：冠動脈の一過性の狭窄によって起こるのは狭心症で，持続的な閉塞で心筋が壊死するのが心筋梗塞。　**問5** ○：不整脈による心停止には，電気的除細動が適応。　**問6** ×：心筋症の原因は不明。　**問7** ○：先天性心疾患のうち，最も頻度が高いのは心室中隔欠損。　**問8** ×：先天性心疾患の多くは手術適応となることが多い。　**問9** ×：右心室は肺に向けて血液を送り出しており，その出口には肺動脈弁がある。大動脈を経て体全体に血液を送り出しているのは左心室。大動脈弁は左心室の出口にある。**問10** ○：心房細動では心臓での血の流れが滞り，心臓内に血の塊ができやすい。塊の一部がちぎれたりして心臓から出ていくと，それが脳動脈などにつまって梗塞を起こすことがある。

第3章

問1 ○　**問2** ○　**問3** ×：肺葉の数は右肺が3つ，心臓にスペースをとられる左肺は2つ（p.27）。　**問4** ×：肺では酸素を体内に取り入れ，二酸化炭素は排出される（p.27）。　**問5** ×：横隔膜と肋間筋の動きによる（p.28）。　**問6** ○　**問7** ○　**問8** ×：喫煙は肺がん以外にも様々な肺の病気の発症・悪化に影響する（p.29～30）。**問9** ○

第4章

問1 ○：発汗では水とともにナトリウム（Na^+）も失われる。大量の発汗後にナトリウムを補わずに水のみ多量に摂取すると，低ナトリウム血症による脳浮腫で，頭痛や吐き気，意識障害を起こすことがある。大量の発汗後には水分と塩分，両方の補充が大切。　**問2** ×：女性で起こりやすい（p.43）。　**問3** ○：ステロイド剤は副腎皮質ホルモン（コルチゾール）の類縁物質で，アレルギー反応を抑える薬（抗炎症剤）として用いられる。コルチゾールは心身の活動を亢進し，覚醒亢進，睡眠低下の作用があり，過剰に働くと不眠やイライラ，精神不安定が起こりやすくなる。ステロイド剤の持続投与でもこれと同じことが起こりうる。　**問4** ×：これらはすべて甲状腺機能亢進症の症状。甲状腺機能低下症ではこれと反対になる（p.47）。　**問5** ○（p.38）　**問6** ○：腎臓の糸球体では，尿素などの老廃物とともに大量の水や電解質，ブドウ糖などが濾過されるが，老廃物以外はそのほとんどが尿細管で再吸収され体内に戻る（尿は濃縮される）。この再吸収がないと，たちまち脱水となって命に関わる（p.41）。　**問7** ○（p.38）：精神的作用としては，自分の子どもを含めて，身内に対しての信頼・安心感を高めるといわれている。考えてみれば，授乳の間母体は子どもに対して全く無防備となるので，母親がこのような精神状態にあることは授乳を行う上で不可欠だろう。　**問8** ×：これは成長ホルモンではなくコルチゾール（副腎皮質ホルモン）のこと。コルチゾールには覚醒を高める作用がある。成長ホルモンは深睡眠（基本的に，夜間の睡眠の始めの方）で最もよく分泌される（p.36）。　**問9** ○：腎不全では野菜に多く含まれるカリウムの排出が困難となり高カリウム血症となるため，心停止のリスクも高まる。　問10　○：甲状腺ホルモンが血中に増えるので，甲状腺ホルモンの分泌を促すTSHの下垂体からの分泌，TSHの分泌を促すTRHの視床下部からの分泌は抑制される。この仕組みにより，甲状腺ホルモンの過剰を防いでいる（ネガティブフィードバック，p.34）。なお，うつ状態では甲状腺機能低下症が，躁状態では甲状腺機能亢進症が関わっていることがあるため，精神科の臨床では，血中の甲状腺ホルモンとTSHの濃度測定がしばしば行われる。またうつ病の補助治療として甲状腺ホルモンが投与されることもある。

第5章

問1　×：2型糖尿病の治療では生活習慣の改善（食事療法と運動療法）が重要。運動療法では有酸素運動による血糖の消費とともに，血糖の消費源である筋肉を増やすことも役立つ（p.49）。　**問2**　×：1型糖尿病では膵臓のインスリン分泌細胞がほぼ死滅しており，インスリン投与（注射）が治療の第一である。発症後は一生，インスリン注射を続ける必要がある。1型は若年での発症が多いため，インスリン注射が人生の大部分に及ぶことが多い（p.48）。**問3**　×：喫煙が加われば動脈硬化のリスクはさらに上がる。コラム参照。　**問4**　×：コレステロールは生体膜の原料，ステロイドホルモンの原料などとして，生存に不可欠の物質。高コレステロール血症は望ましくないが，血中コレステロール値があまりに低すぎるのも考えものである（p.46）。　**問5**　○：糖尿病では血管の障害が起こりやすく，血管の豊富な腎臓，網膜は障害を受けやすい。血管の障害は神経の障害にもつながる。また足の障害も頻度が高い（血行障害，神経障害および感染が起こりやすいことによる（p.47）。　**問6**　○（p.46）　**問7**　×：高血圧では動脈硬化が進みやすく，血管が狭くなって血流が悪くなるので，脳や心臓の梗塞，腎障害が起こりやすくなる。　**問8**　×：脳を含めて全身に必要な血液を供給するには，ほどほどの血圧が必要。血圧を下げすぎると脳虚血や脳梗塞が起こりやすくなる（p.46）。

第6章

問1　○　**問2**　○　**問3**　○　**問4**　×：白血球の中では好中球（細菌などの異物を貪食・排除する）が最も多い（p.53）。　**問5**　×：リンパ球を含め，血球は全て最初は骨髄で作られる（p.54）。　**問6**　○　**問7**　○　**問8**　○　**問9**　○　**問10**　×：ノロウイルスは胃酸でも感染力を失わないため，胃腸炎の原因となる（p.58）。　**問11**　○

第7章

問1　×：ALSでは，大脳運動野の運動神経とともに，それをバトンタッチする脊髄前角（後角でなく！）の神経細胞が変性し失われる（p.66）。脊髄では前側から運動神経が出て，後ろ側に感覚神経が入る（p.67）。　**問2**　×：パーキンソン症候群に関係するのは，黒質から大脳基底核にいたるドーパミン神経（p.71）。大脳辺縁系は情動・感情と記憶の中枢。　**問3**　×：これはパーキンソン症候群の歩行の特徴。小脳障害では酔っぱらった時のような歩行になる（p.69）。　**問4**　×：これはレビー小体型認知症の特徴（p.78）。前頭側頭型認知症では人格と言動の変化が目立つ。**問5**　×：これは慢性硬膜下血腫の経過と症状。くも膜下出血は強烈な頭痛で始まり，急速に意識消失に到る（p.77）。　**問6**　×：交感神経は緊張・興奮の強い状態（動物なら獲物を追いかけたり，捕食者から逃げる時など）に強く働く。消化液の分泌が増えるのは食べておなか一杯になり，休息している時など，副交感神経の方が強く働いている時である（p.61）。**問7**　○（p.76）　**問8**　×：重症度と治療経過にもよるが，脳卒中のリハビリは発症の1～数週後，できるだけ早く開始することが望ましい。時間が経つと後遺症が固定しやすくなるため（p.77）。　**問9**　×：視床は全身の感覚情報を中継する神経核で，そこを通るのは感覚神経。運動神経は視床を通らない（図7.6）**問10**　○（p.71）

第8章

問1　○　**問2**　○　**問3**　○　**問4**　×：アトピー性皮膚炎は乳幼児期に好発する（p.85）。　**問5**　○（p.85）　**問6**　×：薬疹では重症・軽症を問わず，原因薬剤は原則中止する。スティーブン・ジョンソン症候群などの重症の薬疹では，生命へのリスクがあるため，ステロイドの全身大量投与，血漿交換などの入院治療が必要。　**問7**　○（p.86）　**問8**　×：皮膚のがんで最多は表皮の基底層の基底細胞がんで，中年以後に多い。なお悪性黒色腫も高齢者で多い（p.86）。がんは一般に，高齢になるほど増える。　**問9**　○

第9章

問1　×：耳小骨があるのは中耳。鼓膜の外側が外耳，内側が中耳（p.88）。　**問2**　○：中耳は耳管で咽頭とつながっている（p.90）。飛行機やエレベーターなどで気圧が急に変化して耳がキーンとなった時に唾や水などを飲み込むと治るのは，飲み込む動作で耳管が開き，中耳内の気圧と外耳（外気）の気圧の違いが解消されるため。一方，耳管は咽頭の感染が中耳に伝わる経路ともなる。　**問3**　○（p.89）　**問4**　○：メニエール病はリンパ液の過剰（リンパ水腫）で起こるが，蝸牛，前庭，半規管の間で内耳のリンパ液はつながっているため，発作時にはめまいのほか，耳鳴りや難聴も起こる（p.90）。　**問5**　×：緑内障は網膜が変性する病気。変性した網膜の部分は光に反応しなくなるので，見えなくなる（視野欠損となる）。現在の医学では緑内障による視野欠損は回復不可能であり，治療は進行を遅らせることが中心（p.91）。白内障は水晶体が濁る病気，というより老化で，高齢者の瞳が白っぽく見えるのは白内障のため。視野全体で見え方が悪くなるが，手術で水晶体を人工レンズに交換すれば回復する（目の中で水晶体だけは交換可能（p.93）。角膜の損傷による失明も，現在のところ角膜移植以外に治療法はない（p.93）。　**問6**　○（p.94）　**問7**　○　**問8**　○　**問9**　○　**問10**　×：上顎洞癌は中高年男性に多い（p.97）。小児がんを除くと，がんは一般に高齢になるほど，感染などによる炎症が慢性化するほど増加する。喉を含め口や鼻の周囲のがんは，喫煙でリスクが上がる。　**問11**　×：味蕾で感ずる味覚の5種類は「甘さ，しょっぱさ，酸っぱさ，苦さ」と「旨味」。旨味はアミノ酸（グルタミン酸やイノシン酸など）を感知して得られる（p.97）。体に必要なタンパク質の摂取促進に一役買っているのだろう。「辛さ」は味覚ではなく，痛覚が刺激されて感ずる。辛いものの過剰摂取は，口のまわりを含め消化管全体の炎症にもつながるので避けた方がよい。

第10章

問1　○：違法薬物は一度でも使用したら薬物乱用といえる。ただし，一度使用しただけでは薬物依存とはいわない。　**問2**　○：アルコール依存症の診断基準に当てはまる人の多くは，それに対する医療を受けていない。これを治療ギャップという。　**問3**　×：嫌酒薬にはアルコールに対する渇望を減らす作用はない。　**問4**　○：断酒会やアルコホーリクス・アノニマス（AA）のような自助グループに通うことが助けになる。　**問5**　×：CRAFTのような本人に対する対応の方法を学ぶことで，本人を治療に結びつけることができる場合がある。　**問6**　○：薬物依存に対しては，認知行動療法的なテキストを用いたプログラムであるSMARPPが有効。　**問7**　×：ナルコティクス・アノニマス（NA）のような自助グループに通うことが有効。　**問8**　×：ギャンブル障害の人の中には，不安や抑うつをまぎらわすためにギャンブルをしている人も多い。　**問9**　×：ゲーム障害の人は未成年から成年初期の男性に多いとされている。　**問10**　×：ルートボックス（ガチャ）とよばれる射幸性の高い課金が行われることがあり，その場合は経済的な問題につながることもある。

第11章

問1　×：妊娠初期（特に4～7週）が最も影響を受けやすい（p.122）。　**問2**　○　**問3**　○　**問4**　○　**問5**　×：魚介類の大量摂取は水銀などの重金属の過剰摂取につながる可能性があり，かつ胎児は水銀などの影響を受けやすい（p.122）。　**問6**　○　**問7**　×：父親の年齢も，自閉スペクトラム症などさまざまな疾患のリスクと関連することが報告されている。

第12章

問1　○：骨の硬い部分は膠原線維（コラーゲン）にカルシウム塩（主にリン酸カルシウム）が沈着してできている。体内でカルシウムが不足すれば，骨のカルシウムによって補われる。　**問2**　○：閉経後，女性ホルモンが低下すると，骨密度の低下が急速に進むため（p.134）　**問3**　○：造血組織は骨の中（骨髄）に存在する。子どもではすべての骨髄が造血組織で満たされているが（赤色骨髄），大人ではその多くが脂肪に置き換わって（黄色骨髄），赤色骨髄は骨盤の上端，胸骨，肋骨，脊椎，頭蓋骨の上部，大腿骨や上腕骨の上端などに限られている（p.130）。白血病治療の骨髄移植では，提供者の骨盤の上端から骨髄を採取することが多い。　**問4**　○：関節リウマチは膠原病（結合組織（膠原線維を豊富に含む）を破壊する自己免疫疾患）の一種。膠原病は女性に多い。関節リウマチでは，関節内の軟骨と骨が破壊される。　**問5**　○（p.134）　**問6**　×：横紋筋には骨格筋と心筋があるが，心筋は自律神経でコントロールされる不随意筋である（心臓を自分の意思で止めたり動かしたりはできない）。　**問7**　○　**問8**　×：ALSでは，運動神経（筋肉を動かす神経）の変性で全身の筋肉が萎縮する（p.66）。筋肉そのものに原因がある筋肉の障害には，筋ジストロフィーなどがある。筋ジストロフィーにはデュシェンヌ型をはじめいくつかの型があり，原因となる遺伝子の異常がそれぞれ明らかにされている。

第13章

問1　○　**問2**　○　**問3**　○（p.143）
問4　○（p.143）　**問5**　○：p.141。引きこもりなどで社会生活からの起床・就寝時間の手がかりが失われると，リズム障害をはじめとする睡眠・覚醒障害につながりやすい。反対に集団生活は，時間の手がかりを強めるので，睡眠・覚醒障害の治療に役立つ。　**問6**　×：レム睡眠行動障害は，アルツハイマー病ではなく，パーキンソン病やレビー小体型認知症の前駆症状としてみられる（p.144）。　**問7**　○：p.144。レストレスレッグス症候群は，貧血および貧血を起こしやすい状態（妊娠，慢性腎不全など）で起こりやすい。

第14章

問1　○：1981年以降，がんは日本人の死因の第1位。　**問2**　×：男性では前立腺がんが最も多く，女性では乳がんが最も多い。
問3　×：がんに合併する精神障害として頻度が高いのは，適応障害，うつ病，せん妄の3つ。　**問4**　○：がんの種類や病期によっても異なるが，がん全体では，一般人口の約2倍の自殺率といわれる。　**問5**　×：せん妄の原因は，身体症状あるいは薬剤である。心理的ストレスのみでせん妄は生じない。　**問6**　×：がんに罹病した早期から，がん治療と並行して，緩和医療が行われる（図14.5）。　**問7**　○：スピリチュアルペインはWHOが「人間存在の基盤に関わる問いかけであり，生きている意味や目的に関すること」と定義している。　**問8**　○：免疫抑制剤服用が遵守されないことで，拒絶反応出現や移植臓器廃絶につながり，予後に直結する。

第15章

問1　○（p.156）　**問2**　○（p.157）
問3　○（p.157）　**問4**　○（p.157）

索引

*赤字は，公認心理師試験出題基準（ブループリント）に記載の語句，または関連する語句

た行

な行

は行

ま行

や・ら行

編著者紹介

佐々木 司

東京大学大学院教育学研究科 身体教育学コース 教授

NDC 491　175 p　21cm

公認心理師ベーシック講座　人体の構造と機能及び疾病

2023年3月7日　第1刷発行

編著者　佐々木司
発行者　髙橋明男
発行所　株式会社　講談社
〒112-8001　東京都文京区音羽2-12-21
販　売　(03) 5395-4415
業　務　(03) 5395-3615
編　集　株式会社　講談社サイエンティフィク
代表　堀越俊一
〒162-0825 東京都新宿区神楽坂2-14　ノービィビル
編　集　(03) 3235-3701
本文データ制作　株式会社双文社印刷
印刷・製本　株式会社ＫＰＳプロダクツ

落丁本・乱丁本は，購入書店名を明記のうえ，講談社業務宛にお送り下さい．送料小社負担にてお取り替えします．なお，この本の内容についてのお問い合わせは講談社サイエンティフィク宛にお願いいたします．
定価はカバーに表示してあります．

© Tsukasa Sasaki, 2023

本書のコピー，スキャン，デジタル化等の無断複製は著作権法上での例外を除き禁じられています．本書を代行業者等の第三者に依頼してスキャンやデジタル化することはたとえ個人や家庭内の利用でも著作権法違反です．

JCOPY 〈(社)出版者著作権管理機構 委託出版物〉

複写される場合は，その都度事前に(社)出版者著作権管理機構(電話 03-5244-5088，FAX 03-5244-5089，e-mail : info@jcopy.or.jp)の許諾を得て下さい．

Printed in Japan

ISBN 978-4-06-530390-0